新疆维吾尔自治区软科学项目"新疆绿洲城市群发展战略及培育路径研究"（项目编号：201242168）和新疆维吾尔自治区高层次人才培养计划联合资助

闫海龙
李雪梅 著

Study on Development and Path Selection of Xinjiang Oasis Urban Agglomeration

新疆绿洲城市群

培育发展与路径选择研究

经济管理出版社
ECONOMY & MANAGEMENT PUBLISHING HOUSE

图书在版编目（CIP）数据

新疆绿洲城市群培育发展与路径选择研究/闫海龙，李雪梅著．—北京：经济管理出版社，2014.9

ISBN 978 - 7 - 5096 - 3352 - 6

Ⅰ．①新…　Ⅱ．①闫…②李…　Ⅲ．①绿洲—城市群—区域经济发展—研究—新疆　Ⅳ．①F299.274.5

中国版本图书馆 CIP 数据核字（2014）第 207185 号

组稿编辑：杨雅琳
责任编辑：杨雅琳
责任印制：黄章平
责任校对：张　青

出版发行：经济管理出版社
　　　　　（北京市海淀区北蜂窝 8 号中雅大厦 A 座 11 层　100038）
网　　址：www. E - mp. com. cn
电　　话：（010）51915602
印　　刷：三河市海波印务有限公司
经　　销：新华书店
开　　本：720mm×1000mm/16
印　　张：10
字　　数：190 千字
版　　次：2015 年 8 月第 1 版　　2015 年 8 月第 1 次印刷
书　　号：ISBN 978 - 7 - 5096 - 3352 - 6
定　　价：48.00 元

前　言

　　2014 年 3 月，中共中央、国务院印发了《国家新型城镇化规划（2014 ~ 2020 年）》，规划中明确提出：按照统筹规划、合理布局、分工协作、以大带小的原则，发展集聚效率高、辐射作用大、城镇体系优、功能互补强的城市群，使之成为支撑全国经济增长、促进区域协调发展、参与国际竞争合作的重要平台。培育发展城市群，已经成为我国优化城镇布局和形态、科学推进新型城镇化发展的重要途径和方式。

　　作为"丝绸之路经济带"建设的核心区，新疆是我国"两横三纵"城镇化战略布局中陆桥通道上的重要节点，随着经济社会的全面进步，新疆新型城镇化发展的速度和质量显著提升。但新疆地域广阔且多沙漠戈壁，城市大多呈点状或带状沿主要河流分布在不同绿洲上，城市发展的空间相对独立而且有限，城市的基础设施和公共服务设施基本都是自成体系，不但前期投入巨大，而且后期的维护、运行成本压力也非常明显，结果导致新疆城镇基础设施建设和公共服务保障能力严重滞后于东部发达省区，有限的建设资金更多被分散在不同城市，难以发挥应有的作用和效果。此外，在城市发展过程中，长期形成的本位主义相当严重，多是各自为政，不但难以从区域发展的角度来共建共享基础设施，而且也不注重资源的优化配置，造成重复建设和资源浪费，使建设资金的使用效果大打折扣。

　　如何破解上述问题？走城市群发展模式，进一步完善城市之间的基础设施网络，强化城市之间的分工合作，提升中心城市的辐射带动能力，增强区域整体竞争力应该是最科学合理的选择。因此，新疆的绿洲城市迫切需要从区域一体化角度来进行资源要素的优化配置和城镇的空间布局，根据各城市的定位分工和优势潜力，合理地配置大型基础设施和公共服务设施，通过交通、通信等方式，密切城市之间的联系，提高有限资源的集约利用水平，形成中心带动、协作分工、区域协调发展的格局，提升绿洲城市的综合竞争力，这是新疆新型城镇化发展的必然选择。

现实需求与阶段水平以及城市特征之间的矛盾是一个值得关注的课题，为此，笔者立足新疆绿洲经济和绿洲城市特点，以城市及城市群发展相关理论为基础，提出了"绿洲城市群"的概念，指出"绿洲城市群"是一个既具有绿洲的分散性、唯水性、封闭性和脆弱性，又具有城市群的开放性、动态性、不平衡性等特点的综合体。它是新型城镇化发展背景下，绿洲经济区实现城市集约高效发展和发挥城市集聚辐射作用的最佳途径。在此基础上，以新疆重点区域为对象，探讨不同区域、不同城市群培育发展的路径模式，进一步丰富和充实新疆绿洲城市群概念的内涵，为新疆新型城镇化发展研究和决策提供参考和借鉴。

全书共分七章，由闫海龙和李雪梅博士合作完成，其中第一章、第二章、第四章、第六章、第七章由闫海龙完成，第三章、第五章由李雪梅完成，全书由闫海龙进行最终校订。

目　录

第一章 绪 论

第一节 进行新疆绿洲城市群研究的背景

城市是社会生产力发展和人类文明进步的产物，在经济社会发展进程中发挥着重要的作用。作为区域政治、经济、文化中心，现代城市一般都是先进生产力发展、先进文化创造、现代文化传播最活跃的地方，引领并改变着人们的生产、生活方式。城市群作为城市发展的高级形态，正以其巨大的集聚效应成为国民经济快速发展、现代化水平不断提高的重要标志，也成为众多国家发展区域经济的重要手段和重要空间形式。特别是 20 世纪中期以来，由于交通运输和通信技术的迅猛发展，城市发展步伐进一步加快，城市内部、城市之间的联系日益紧密，逐步形成了大都市区、城市群以及城市连绵带。这种城市形态带动了经济区域化和全球化活动的加强，并逐步成为国际上城镇化的主体形态和经济发展的主导力量。当前，国家之间、区域之间的竞争日益呈现出城市群参与的趋势，通过加快城市群发展，带动本国或本区域经济发展，提升经济竞争力，不仅是发达国家现代化进程中的重要经验，也日益成为发展中国家和地区实现经济跨越式发展的重要选择。

改革开放以来，随着东部沿海地区的率先开放和加快发展，我国逐步形成了以上海为中心的长江三角洲城市群，以广州、深圳为中心的珠江三角洲城市群，以北京、天津为中心的京津冀城市群。长期以来，上述三大城市群一直是我国参与国际经济竞争的战略高地，有力地带动了全国经济的发展。国家在"十一五"规划纲要中也明确提出："要把城市群作为推进城镇化的主体形态；已形成城市群发展格局的京津冀、长江三角洲、珠江三角洲等区域，要继续发挥带动和辐射作用，加强城市群内各城市的分工协作和优势互补，增强城市群的整体竞争力；

具备城市群发展条件的区域，要加强统筹规划，以特大城市和大城市为龙头，发挥中心城市作用，形成若干用地少、就业多、要素集聚能力强、人口分布合理的新城市群。"因此，随着我国东部、中部甚至西部的部分区域城镇化进程不断加快，城市发展的速度和质量不断提升，城市经济的规模不断扩大，一些新的城市群在市场资源配置和政府规划引导的双重作用下，日见雏形，区域性的城市群已成为带动区域经济发展和参与竞争的重要力量。

新疆维吾尔自治区（以下简称新疆）作为我国行政区域面积最大的省区和向西开放的前沿，受历史、自然环境等因素影响，经济社会发展相对缓慢，城乡、区域差距非常明显，城镇化进程远远落后全国平均水平，缺少具有明显辐射和集聚作用的区域中心城市，城市对区域经济的引领、带动作用尚未完全发挥，也尚未形成真正意义上的城市群发展形态，城市和城市群发展的滞后性已经成为影响新疆经济社会发展的重要因素。因此，培育符合新疆实际、体现新疆特色的区域性城市群不但是新疆新型城镇化发展的必然趋势，也是新疆经济社会快速发展的必然要求。

在新一轮对口援疆和新疆后发赶超的发展背景下，在国家构建"丝绸之路经济带"和大力推进新型城镇化建设的战略需求下，新疆新型城镇化发展迎来了前所未有的发展机遇。作为我国未来面向中亚、西亚、南亚乃至欧洲、北非全面开放的窗口门户和"丝绸之路经济带"的核心区，新疆的战略作用和意义将日益凸显。因此，从新疆实际出发，从城镇化发展的客观规律和必然趋势出发，深入研究新疆城市的演变历程、动力机制和发展趋势，探求在绿洲经济模式下，新疆绿洲城市群的培育模式与发展路径，是促进新疆区域经济一体化发展、加快培育新疆新的增长极、推进新疆新型城镇化与跨越式发展亟须解决的理论与实践问题。

第二节　进行新疆绿洲城市群研究的意义

进入 21 世纪以来，新疆城镇化进程明显加快，城镇化水平稳步提升。尤其是，以乌鲁木齐、昌吉、石河子为核心的天山北坡城市群取得了快速发展，经济实力不断增强，对周边地区的引领、带动和示范作用日益凸显。国家"丝绸之路经济带"战略构想的提出，为新疆带来新的发展契机。新疆绿洲城市群建设理应在这个战略构想指导下，加快培育发展，这对于加快新疆经济发展，促进后发赶超，优化新疆乃至我国城市体系和地域空间结构，具有重要的战略意义。

一、有利于形成新疆后发赶超的战略支点

改革开放以来，根据我国区域经济和社会发展的实际要求，中央积极适时提出了促进地区协调发展的战略布局：坚持推进西部大开发，振兴东北地区等老工业基地，促进中部地区崛起，鼓励东部地区加快发展，形成东中西互动、优势互补、相互促进、共同发展的新格局。尤其是"以人为核心"的新型城镇化发展理念的提出，城镇化被誉为新时期的中国经济增长引擎，通过区域发展整体战略和城镇化战略的有机结合，将各个区域的大城市群作为战略支点，形成了全面带动区域经济的增长和城镇化发展的良好局面。以城市群为主体的城镇化发展模式，为综合解决结构调整与产业升级问题、体制改革与创新问题、基础设施建设与环境整治问题提供了更加有效的途径。

根据新疆绿洲城市发展的基础现状以及未来城市规模体系的预测分析，在充分了解新疆整体地理环境特征的基础上，将新疆的绿洲城市大致分为天山北坡、伊犁河谷、大喀什和天山南坡四大城镇集中分布区。据统计，2012 年，上述四个区域的城镇在新疆 42.07% 的国土面积上，集中了新疆 70.51% 的城镇数、79.56% 的总人口、82.91% 的城镇人口、76.82% 的固定资产投资、81.99% 的社会消费品零售总额、90.81% 的经济总量、74.09% 的第一产业生产总值、96.43% 的第二产业生产总值和 91.74% 的第三产业生产总值。就总体经济实力和发展潜力来看，上述区域无疑是新疆新型城镇化发展和区域经济增长的重要战略支点区域，高度重视新疆绿洲城市以及绿洲城市群的培育发展对加快新疆经济社会快速发展具有重要作用：是新疆实现社会稳定和长治久安以及后发赶超、科学跨越战略目标的重要支撑和保障；是顺应城镇化发展的客观规律，加快以城市群为主体形态的新型城镇化发展将是新疆改善民生、全面发展的一项关键任务。

二、有利于推动新疆区域协调发展

"增长极"理论研究表明，经济增长极有产业和空间两种相辅相成的表现形式：一是产业上表现为能够带动国民经济其他行业增长的"主导产业"；二是空间上表现为"主导产业"所在地形成的"增长中心"。这是单个产业和单个城市无法独立承担的，必须依靠区域相对完善的产业体系及其结构合理的城市组群。发达国家的经验说明了这一点。如美国东北海岸，日本的东京、名古屋以及英国伦敦等地的城市群，成为引领当地乃至世界经济增长的"发动机"，处于财富集聚和创造的中心地位。新疆地处我国西部边陲，是我国向西开放的重要门户和桥头堡，周边与八国接壤，战略地位尤为突出，在国家安全稳定和对外开放战略中具有十分重要的地位。自西北大开发战略和新一轮对口援疆战略实施以来，新疆

经济社会快速发展，各项事业蓬勃发展，但是区域发展不平衡的问题非常突出，南、北疆广大地区在城镇化、工业化差异非常显著，特别是南疆喀什、和田等地的发展水平远远落后于全疆平均水平，更无法与天山北坡等发达区域相比，因此，加快南疆等经济发展相对滞后地区的发展，是新疆促进区域协调发展的关键，也是新疆新型城镇化发展的难点。在工业化水平严重滞后的情况下，以改善民生为核心，以提高基础设施保障支撑能力为重点，密切区域城镇联系，科学定位城镇职能，促进城镇分工协作，走城市群模式的城镇化发展道路，以新型城镇化引领带动新型工业化、农牧业现代化、信息化和基础设施现代化，实现"五化"同步，促进区域协调发展。

三、有利于完善、优化我国城市体系和空间布局

改革开放以来，我国城市体系取得了长足发展，特别是沿海地区逐步形成了面向世界的开放性城市体系。但由于思想观念和体制机制等原因，广大西部地区区域性城市体系的构建还不完善，基本上仍处于相互割裂状态。特别是与东部地区相比，新疆当前的经济实力仍然相对较弱，城市的发展水平和质量也严重不足，对于城镇化和城市群的发展在主观认识上还存在认同度较低的客观问题，新疆城市群在国家城市体系中的战略地位也时常被忽视。培育与发展新疆城市群，既是对我国国家城市体系发育现状的一个客观判断，也是发展和优化国家城市体系、建立国家经济社会发展最优空间结构的现实需要。新疆作为我国面积最大的省区，若没有强有力的区域性中心城市及以其为核心的大型城市群的发展，国家城市体系和经济社会发展的地域空间结构的建构就会出现缺失和断裂。要实现新疆后发赶超，就应该提升新疆城市群在国家城市体系中的战略地位，从国家发展战略的高度积极扶持城市群发展，促进国家城市体系的发展和优化。因此，无论是从国家城市总体的空间布局来说，还是从区域城市体系的优化完善出发，都需要加快培育发展具有新疆绿洲特色的城市群，促进人才、资本、资源的合理配置和有序流动，进而推动新疆新型城镇化的发展建设，在国家城镇化整体布局和体系构成上发挥新疆的作用。

第三节 新疆绿洲城市群培育发展的必要性与紧迫性

一、提升区域整体竞争力的迫切需要

城市群的出现，是地区经济集聚发展的产物，也是区域经济集中化的高度体

现。随着社会主义市场经济体制的逐步确立，地区之间、城市之间的竞争日趋激烈，跨行政区的区域经济整合日趋明显，城市之间的竞争很大程度上演化为以城市群为主的区域竞争。加强城市群内部城市间的合作与联系，形成城市群整合发展，已是当今区域经济发展的必然趋势，也是提高区域竞争力的必然要求。中央新疆工作会议以来，新疆进入了工业化和城镇化快速推进的新时期，新疆绿洲城市迫切需要进行资源要素的整合，进一步优化区域资源配置，提高集约利用水平，加快新疆绿洲城市群一体化进程，这无疑是新疆新型城镇化发展的重要方向，也只有把区域协作上升到城市合作、产业协作的高度，才能有效提高该地区在新疆乃至西部地区区域分工中的地位，才有可能打破当前近似割据的局面，最终实现区域分工与竞争的平衡，全面提升增强新疆绿洲城市群的集聚力和辐射力，缩小与国内发达区域城镇化发展的差距。

二、提升经济总量、优化产业结构的根本选择

衡量一个城市圈或组合式城市在世界城市格局中的地位和竞争力，不是简单取决于该城市的城镇数量和人口规模，而是主要取决于经济总量、产业高度以及中心城市在整个城市体系中的地位和影响力。新疆产业发展的整体实力和竞争力不强，产业发展的集中度偏低，区域内缺乏具有跨国、跨地区经营的大企业、大集团，总体创新能力较弱，缺乏自主知识产权，多处于"微笑曲线"两端，虽然也有部分产业在国内具有一定的比较优势，但同时也面临着区外同行业和同产业的竞争挑战。因此，通过绿洲城市群的培育发展，由城市群经济整合带动形成产业集聚效应，在整个城市群内部优化生产要素的配置，促进城市群各类产业形成更加有效的分工和协作，进而培育出一批具有技术含量、较强市场竞争力的标志性产业，在更大范围、更广领域和更高层次上参与竞争和合作。

三、带动新疆开发、开放与经济发展的现实需要

新疆地域广阔，占全国国土面积的 1/6，而且天山南北的地理环境差异使得新疆南、北疆不同区域在区位、资源、产业发展条件上都存在显著差异，因此必须实行分类指导，发挥各地优势，发展各具特色的区域经济。要按照突出重点、统筹兼顾、共同发展的要求，从当地现阶段实际出发，尊重市场经济规律，重点引导和扶持一部分优势明显、条件较好的地区率先发展，带动新疆经济快速发展。天山北坡城市群、伊犁河谷城市群、大喀什城市群和天山南坡城市群所在区域基础较好、经济相对发达，属于新疆重点发展地区，理应作为新疆开发、开放的突破口和我国积极参与中亚及周边国家一体化进程的先导区。

四、实施丝绸之路经济带战略构想的重要支撑

2013 年 9 月，习近平访问哈萨克斯坦时，提出共建"丝绸之路经济带"的重大战略构想，随着《丝绸之路经济带和 21 世纪海上丝绸之路建设战略规划》的出台，新时期新疆对外开放的重点和方向更加明确，新疆作为"丝绸之路经济带"的核心区，伴随"五通"（通水、通电、通路、通信、通气）为主要内容的各项工作的顺利推进，需要充分依托境内北、中、南三条通道上的重点城市，有效提高产业支撑能力、基础设施建设水平和公共服务保障能力，充分发挥区域中心城市的辐射带动作用，引领带动周边城镇健康发展，形成各具特色的城市群和城市组群，并将其作为新疆参与"丝绸之路经济带"建设的支撑和载体，通过城市间核心资源的共享、经济要素的互动，职能定位的分工协作，构建相互协调、相互支撑、共同发展的有机复合体，从而更好地与内地和中亚接轨，积极参与到"丝绸之路经济带"战略构想的实施建设过程中。

五、顺应经济全球化与世界城镇化发展的趋势

21 世纪以来，伴随全球化和城镇化的高速发展，城市之间的竞争已突破单一城市间的竞争，演变成为以核心城市为中心的城市区域或者城市群之间的竞争，以大城市为核心的城市群在逐步成为一种具有全球性意义的城市—区域发展模式与空间组合形式。城市群凭借规模经济和设施完善的优势，日益成为集聚经济社会要素和支配国家乃至全球经济命脉的巨大载体。这种现代城镇化空间组织形式的出现，显示了跨行政区域发展的强大生命力。美国东北部城市群、五大湖城市群、日本关西城市群、英国中部城市群、德国中部城市群等都是世界上经济发达地区。目前，我国东部地区城市群蓬勃发展，城镇独立发展的状态正在逐步被打破，城镇空间关系纵横交错，不同等级、规模的城市群或城市圈已初现端倪。如京津冀城市群、长江三角洲城市群、珠江三角洲城市群所在区域，都是城市发展密集、一体化程度较高的地区。所以说，城市群形成是城市发展到一定阶段后的必然产物，城市群的形成也代表了更高水平的区域生产力和区域竞争力。因此，在这种背景下，更有必要整合新疆绿洲城市群内的各种优势资源，从区域一体化的角度来进行资源配置、生产力布局与城镇空间布局，形成中心带动、协作分工、区域协调发展的格局，进而提升新疆绿洲城市和绿洲城市群的综合竞争力。

六、打破区域发展制约的内在要求

天山北坡、伊犁河谷、天山南坡和大喀什是新疆城市分布最为密集，人口分

布最为集中，也最具培育发展城市群潜力的重点区域。长期以来，在各区域生活的人们在风俗习惯、思维方式、价值观念以及行为方式上较为相近，形成了区域各具特色的文化认同，相似的地理环境和文化认同使得上述区域经济、教育、文化、艺术等各个领域在不同的历史时期都有着良好的交流与合作。与东部发达地区城市群相比，上述区域的城镇化水平还相对较低，经济社会发展的需求还十分巨大。因此，从区域城镇化发展和区域城市成长壮大的角度出发，也需要充分考虑天山北坡、伊犁河谷、天山南坡和大喀什等重点区域的区域性或地区性城市群的培育发展，充分发挥上述四个城市群内部之间城市体系分布密集、各县市区彼此间的空间距离不远、资源要素互补性强，对融合发展诉求不断攀升等因素的作用，统一配置区域城市城镇的生产要素，实现要素的合理流动和产业的更大发展，满足城市经济发展的内在需要。

七、最大程度发挥建设资金效用的需要

新疆地域广阔但多沙漠与戈壁，大多城市呈点状或带状沿主要河流分布在不同绿洲上，城市发展的空间相对独立而且有限，城市的基础设施和公共服务设施基本都是自成体系，不但前期投入巨大，而且后期的维护、运行成本压力也非常明显，结果导致新疆城镇基础设施建设和公共服务保障能力严重滞后于东部发达省区，有限的建设资金更多地被分散在不同城市，难以发挥应有的作用和效果。加之在城市发展过程中，长期形成的本位主义相当严重，多是各自为政，不但难以从区域发展的角度来共建、共享基础设施，而且也不注重资源的优化配置，这在一定程度上就有可能造成重复建设和资源浪费，使建设资金的使用效果大打折扣。因此，在新型城镇化发展的新要求下，从新疆实际出发，加快培育发展绿洲城市群，强化城市的分工协作，集中资金规模，根据各自的分工和优势潜力，各有侧重地在城市群内部科学、合理地配置大型基础设施和公共服务设施，通过交通、通信等手段方式，密切城市之间的联系，才能使有限的城市建设发展资金发挥更大的作用。

第四节　新疆绿洲城市群研究的思路与创新

城市群作为城市发展的高级形态，是未来城镇化发展的必然方向和选择，对西北内陆地区来说，更需要因地制宜，创新城市群发展理论，加快城市群培育发展，依托城市群带动新型城镇化发展，提高城镇化发展质量。对新疆来说，立足

绿洲经济和绿洲城市特点，研究新疆绿洲城市、城市群与资源环境相互协调发展的关系，论证提出绿洲内培育发展绿洲城市群的路径模式，加快区域性城市群的培育发展，既体现了当前经济全球化、区域经济一体化的时代要求，又顺应了新疆科学跨越、后发赶超的战略需要，是加快新疆新型城镇化发展的重要举措。这既是对城市群发展理论的丰富，也可为正确认识、分析和解决新疆城市群发展的现实问题奠定理论基础，具有较强的理论价值。

本书主要是以城市及城市群发展相关理论为基础，从新疆绿洲经济和绿洲城市的特点出发，对未来新疆城市及城镇化发展布局和趋势进行的前瞻性研究，进而正确认识新疆城市群发展存在的问题，揭示新疆城市群发展的演变规律与演变机制，探讨新疆城市群发展战略，寻求新疆城市群发展重点、培育模式与路径及解决问题的对策，提出符合新疆实际、体现新疆特色的"绿洲城市群"概念，并在此基础上，以新疆重点区域为对象，通过案例分析，进一步丰富和充实新疆绿洲城市群概念的内涵，同时探讨不同区域、不同城市群培育发展的路径模式，为新疆新型城镇化发展提供有效的参考和借鉴。主要探讨解决如下问题：

一是进一步梳理新疆绿洲城市的发展演变进程，总结在新型城镇化背景下，新疆城镇发展的客观规律和必然趋势。

二是以城市群发展相关理论为基础，充分考虑新疆绿洲经济和绿洲城市的特点，界定绿洲城市群的概念和内涵。

三是通过实证分析，探讨新疆绿洲城市群的培育路径和模式，以重点地区为例，分析论证新疆绿洲城市群的经济联系、等级规模、空间结构以及产业布局等，最终以实现科学的职能定位、有序的分工协作和良性的互动竞争为目标，探求新疆绿洲城市群可持续发展模式。

四是通过建立新疆城市群发展评价指标与模型，揭示新疆城市群的时空差异规律，探索新疆城市群发展演变机制及模式，深刻揭示新疆城市群发展存在的问题，探寻新疆城市群经济社会可持续、协调发展的路径。为新疆城市群的培育、构筑新疆新的增长极以及推进新疆新型城镇化与新疆跨越式发展提供理论和实证支撑。

第二章　城市群发展的理论基础

第一节　城市群的内涵与特征

一、城市群的内涵

1. 城市群思想的萌芽与发展

1898 年，英国城市学家、现代城市规划的先驱者霍华德（Howard）出版了《明天：一条通向真正改革的和平道路》（Tomorrow：A Peaceful Path to Real Reform），主张将城市周边地域的城镇纳入城市规划范围，把城市和乡村的改造作为一个统一的问题来处理，并提出城镇集群（Town Cluster）的概念。

1915 年，英国苏格兰生物学家、社会学家，近代西方人本主义城市规划思想家格迪斯（Geddes）通过对英国城市的研究，出版了《进化中的城市》（Cities in Evolution）。基于对城市发展进化的分析，格迪斯发现当时的城市处在这样的变化中：一方面城郊的疏散已经造成城市在更大范围的扩展，另一方面某些地方性要素如煤矿、铁路、公路、运河在空间上交织形成的节点，使工业的集聚和经济规模进一步扩大，也使城市发展明显地集中在这些地区。格迪斯称这类地区为集合城市（Conurbations）或城市群（Urban Agglomerations）。

此后，更多的国外学者开始了对城市群的研究探讨，他们从多个角度对不同区域的城市群进行研究，取得了一系列优秀成果，如日本学者小林博氏通过对以东京为核心的日本太平洋西岸城市群研究得出城市群发展的三个相关概念：大都市地区、大城市区、城市带。得到广泛认同和借鉴的城市群概念是法国学者戈特曼于 1957 年在《Megalopolis：Or the Urbanization of the Northeastern Seaboard》中所提出的"Megalopolis"概念，该概念从五个方面对城市群进行了界定：①区域内有比较密集的城市。②有相当多的大城市形成各自的都市区，核心城市与都市区外围地区有密切的社会经济联系。③由联系方便的交通走廊把核心城市连接起来，各都市区之间没有间隔，且联系密切。④必须达到相当大的总规模，人口在2500万以上。⑤属于国家的核心区域，具有国际交通枢纽的作用。也就是说，戈特曼所谓的"Megalopolis"就是指在地理位置上比较接近且有着较为密切联系的众多城市组成的区域。

2. 城市群概念在中国的出现与发展

我国的城市地理学家是国内学术界最早关注"城市群"的研究群体。最早有关城市群的研究文献是1964年严重敏根据国际地理联合会城市地理1962年会论文集中克利斯泰勒（Walter Christaller）的"Die Hierarchi der Städte"（城市的层次结构）翻译的"城市的系统"。国内最早使用"城市群"这一术语的是宋家泰，他在1980年《城市—区域与城市区域调查研究》中论述"城市—区域"关系时认为，"城市—区域"是城市发展及与之有紧密联系的周围地区之间的一种特定的地域结构体系。按照我国城市—区域的客观实际主要有两种类型：①相应于行政区域的城市经济区域。②非行政区的城市经济区域，其中多中心的城市区域称为"城市群"。

1983年于洪俊、宁越敏在《城市地理概论》一书中用"巨大城市带"介绍了戈特曼思想——至少居住2500万城市人口，过着现代城市方式的生活。这些地区城市职能十分强烈，城市用地比例越来越高，城市与城市间的农田分界带日渐模糊，城市地域相互蔓延，甚至连成一片。其后，崔功豪等在1992年也对戈特曼的"城市带"进行了详细介绍，主要包括城市带的概念和特征、城市带的形成与发展机制、城市带理论在中国的实践等。

对中国城市群开展系统研究的是我国著名城市规划与城市群研究专家姚士谋教授。早在1992年，姚士谋等就提出了城市群的概念内涵：城市群是指在特定的地域范围内具有相当数量的不同性质、类型和等级规模的城市，依托一定的自然环境条件，以一个或者两个超大或特大都市作为地区经济的核心，借助于现代化的交通工具和综合运输网的通达性以及高度发达的信息网络，发生与发展着城市个体之间的内在联系，共同构成一个相对完整的城市"集合体"。

在2004年9月15日召开的"2004年中国城市论坛北京峰会"上，由北京国际城市发展研究院发布的国内首部《中国城市"十一五"核心问题研究报告》中提出，将中国的城市化分为3个级次，按空间范围由大到小排列分别为：城市群—城市圈—城市带。其中，城市群就是以大城市为核心，建立直接承接国际化、全球化影响的大城市群；城市圈是指在城市群内形成由若干中心城市为辐射源的城市圈，从而支撑起整个大城市群；城市带是指由众多中小城市构成，这些城市以特色化的产业中心镇为支撑，进而形成特色化的城市风格。

3. 城市群概念与界定标准

关于"城市群"，在国内外学术界目前仍缺乏普遍认可的、清晰的界定，由于"城市群"没有公认的、明确的人口规模标准和空间范围，也由此引发了概念与实际应用上的分歧。

事实上，"城市群"是中国的特色名词，在国外没有对等的概念。在西方文献中，城市群（Urban Agglomeration）更接近于"城市集聚体"的意思，即一个大城市及其周围的卫星城镇在遥感图片上形成相互连接的不规则体，其空间范围介于"城市化地区"（UA）和"都市区"（MA）之间。有时候，几个连体的大都市也叫做 Urban Agglomeration。联合国对 Urban Agglomeration 的定义如下："Comprises a city or town proper and also the suburban fringe or thickly settled territory lying out side, but adjacent to, its boundaries. A single large urban agglomeration may comprise several cities or towns and their suburban fringes. "即"由一个城市或城镇的中心城区与郊区边缘地带或毗邻的外部地区组成。一个大的城市群可能包括几个城市或城镇郊区及其边缘地区"。据此，西方的 Urban Agglomeration 概念是包括了城市、城镇及其外围地区的城市区域概念（顾朝林，2011）。

但随着城市群的发展，国内外对城市群的认识也在逐渐走向一致，主要体现在以下几个方面：城市群是由大量不同等级、不同规模的城市基于一定地缘关系组成的；城市群通过完善的城市体系和基础设施，紧密联系在一起，每一个城市都对整个城市群产生重要的影响；城市群内部各城市有着合理的分工协作机制；城镇化水平的高低体现了城市群发展水平的情况；高度发达的城市群具有基础设施同城化，市场、功能、分工协作一体化等特征。

2006 年国家发布的《中华人民共和国国民经济和社会发展第十一个五年规划纲要》中将"Urban Agglomeration"翻译为"城市群"。但目前，我国提出的"城市群"概念还与国外研究有所差别，国外的城市群一般指集中于大都市区内的城镇集聚体，而我国提出的城市群概念则主要指地域相近又有一定的行政、交通、经济、社会等联系的城市组群，具体是指以中心城市为核心向周围辐射构成的多个城市所组成的集合体。城市群在经济上紧密联系，空间上相对紧凑，在功能上分工合作，在交通上联合一体，并通过城市规划、基础设施和社会设施建设等共同构成具有鲜明地域特色、最终实现高度一体化的社会经济生活空间网络。

参照中国科学院地理科学与资源研究所 2011 年发布的《2010 中国城市群发展报告》，城市群界定的标准如下：一是至少有 1 个特大城市或超大城市为核心，城市群内都市圈或大城市数量不少于 3 个；二是人口规模不低于 2000 万人；三是城镇化水平大于 50%，非农产业产值比率超过 70%；四是人均 GDP 超过 3000

美元，经济密度大于 500 万元人民币/平方千米，经济外向度超过 30%。

4. 城市群的相关概念及其特征

1957 年，法国地理学家戈特曼在其题为《Megalopolis：Or the Urbanization of the Northeastern Seaboard》一书中提出了 Megalopolis 的概念，"Megalopolis" 直译为特大都市、人口稠密地带，用以描述美国大西洋沿岸北起波士顿、纽约，南到华盛顿一个长达 970 千米，宽 50～160 千米的地带。由于 Megalopolis 一词找不到一个贴切的中文表达，由此产生了"都市圈"、"大都市带"、"都市带"、"都市连绵带"、"城市群"等多种译法。但从含义上看，这类城市群在空间形态上可能包括了城市圈、城市带或非典型形态的城市群，是数个典型或非典型形态城市群的集合。因此，用城市集群的概念更能概括其社会经济和地理特征，如我国的长三角城市群、珠三角城市群实际上都是城市集群。城市群相关代表性概念分类梳理如表 2 - 1 所示。

表 2 - 1　城市群相关代表性概念分类梳理

分类	学者	提出年份	含　义
地理景观	戈特曼	1957	大都市带（城市群）是由许多都市区连成一体，在经济、社会、文化等方面存在密切交互作用的巨大的城市地域，是一种以其高密度的城市和一定门槛规模的人口以及巨大的城市体系区别于其他地区和其他城市类型的空间组织
	周一星	1996	借鉴欧美城市研究概念提出了都市连绵区的概念
	周干峙 刘容增	2003	城市群为城镇高度密集地区。它反映了一个区域城镇数量上的集聚程度和质量上的发育程度
经济现象	克里斯泰勒	1933	运用市场经济原则对城市群的城市等级规模作了解释，阐述了一定地域内存在不同等级的城市，不同级别的城市功能有所不同
	姚士谋	2001	在特定的地域范围内具有相当数量的不同性质、类型和等级规模的城市，依托一定的自然环境条件，以一个或两个特大城市作为区域经济的核心，借助于综合交通运输网的通达性和传导便捷的信息网络，促使城市个体与个体之间发生紧密联系与合作，从而共同构成一个相对完整的城市"集合体"
网络体系	顾朝林	1995	由若干个中心城市在各自特有的经济结构和基础设施方面，发挥特有的经济社会功能，从而形成一个经济、社会一体化的紧密联系的有机网络

续表

分类	学者	提出年份	含义
网络体系	吴传清	2003	在城市化过程中，在特定地域范围内，一系列不同市场、类型和等级规模的城市基于区域经济发展和市场纽带联系而形成的城市网络群体
	吴缚龙 王红扬	2006	在全球经济一体化背景下，诸多城市实施城市振兴计划，以大型项目为支撑，使文化与产业（特别是高科技产业）形成了良性互动，甚至创造城市品牌，城市与城市之间形成了一个产业相互关联的城市网络群体

总的来看，城市群主要有三种典型形态，即都市圈、城市带和多中心城市群，三种形态有其共同之处，但同时各自又具有不同的空间形态特征和空间经济特征。

（1）都市圈。都市圈也称城市圈，是城市群的一种空间表现形式，它是以一个或两三个中心城市为核心、与周边城镇连同这些城镇覆盖的空间地域形成密切的社会经济联系，呈圈层状布局的空间组织形式。也可以说，都市圈就是由中心城市及周边大、中、小城市和地域共同组成的紧密的一体化区域。与传统的单体城市相区别，都市圈是一种组合城市。它以高密度的城市、人口以及巨大的城市体系规模区别于其他地区和其他城市类型。根据国外发达国家的经验，都市圈一般具有一体化、趋圆性、中心性、通勤性等特征。

（2）城市带。城市带一般指由一组规模较大、地域相邻、彼此关联的城市沿交通干线分布而形成的带状城市群。城市带以交通干线为轴线、以城市为节点，形成一个有机联系的城市群体，在空间上呈带形扩展。经济活动的空间集聚与空间扩散也主要沿交通干线展开，形成产业带。城市带一般具有如下特征：第一，以某一交通干线为轴线，呈带状形态；第二，城市沿交通干线分布，地域相近、联系密切；第三，经济活动以城市为中心沿轴线两侧集聚，形成产业密集带。当沿线的大、中城市进一步发展，城市空间地域不断扩张，相邻城市实体空间地域相互连接，城市带就发展成为高级形态的城市连绵带或都市连绵带。

（3）多中心城市群。多中心城市群指由一组规模相近、地域相邻、相对独立但又相互联系的城市共同组成的城市群。这一类型的城市群具有如下特征：各个城市规模相近，处于同一或相邻的城市等级系列，共同组成区域的中心；每个城市都有自己相对独立的影响力范围；各个城市之间存在相互作用关系，并由此形成共享的经济腹地；城市群形态呈组团式或块状分布。

二、城市群的一般特征

城市群是城市和社会经济发展到一定阶段所产生的一种特殊的城市组织。它具有单个城市所不具备的特性。概括而言，学术界对于城市群特征的认识主要包括城市群的形成演化、空间结构以及经济系统等几个方面。

1. 城市群的形成演化特点

（1）城市群的形成演化始终是一个动态的过程。与世界上的所有事物一样，城市群的发展过程也始终是一个动态变化过程。群体内各类不同性质的城市，其规模、结构、形态和空间布局都处于不断变化的过程中。有些区域条件好的并具有优越发展机遇（投资渠道通畅又具有较强的经济实力）的首位城市，其动态变化就呈稳定上升的发展趋势；反之，呈衰落下降的趋势。首位城市的变化影响着区域性城市群内的每一个城市。从这一点来说，城市群的出现，是地区经济集聚的产物，也是区域经济集中化的高度体现。地区经济集聚主要反映在工业项目的布局、人口、技术力量和区域基础设施的集中，使城市群具有明显的规模效应。

（2）城市群的形成发展源于城市群内部所内生出的组织力量。在城市群中存在着各种各样的联系，它们以城市为节点，形成了相应的联系网络，城市群中的各个城市均依据其相互之间的空间关系而在这些联系网络中占据一定位置，成为联系链条中的一个点，处于联系网络中的每个城市之间在发展上必然会是相互影响的，并形成相互依赖的基本关系。城市群中任何一个城市特别是主要城市的发展变化或者一种新的信息的产生，都会通过联系网络而波及城市群体系中的其他城市，并对其发展产生影响。城市群内部联系网络和相互作用网络的存在，对于城市在要素急剧流动、更替创新等方面都会产生明显的激发作用，从而保持在要素类型、配置方式以及区域在技术、制度、价值观念和行为方式等领域的持续创新活力，内生出城市群发展的根本动力。城市群内部各城市之间在发展上具有示范、学习和模仿的行为，因而，在少数城市里所发生的变化往往会在城市群内得到放大，波及范围和效应都会增大。

（3）城市群内的城市具有相互之间的吸引集聚和扩散辐射功能。集聚和扩散是推动城市群形成和发展的核心内容，城市群的形成、演进和发展直接源于城市空间的不断聚集和扩散。通常来说，在特定的地区范围内，首位城市起着核心作用，具有较强的吸引能力。随着交通运输网的进一步完善，集聚与扩散规律几乎是同时发生的。当然在区域范围内，各个城市（非首位城市）也同样具有集聚和扩散功能，只不过由于经济实力的差异，其作用力有大有小而已。城市群以物资、人员、技术、金融、信息等形式通过经济协作网络和运输通信体系发挥集聚与扩散作用，实现集聚效益与扩散效益的有机统一，使城市群的整体功能得到更好的发挥。随着社会生产力的进一步发展，城市群内部的调节与协调作用会越来越强，这样又加强了城市群的引力与扩散力。城市群集聚与扩散的相互作用如图2-1所示。

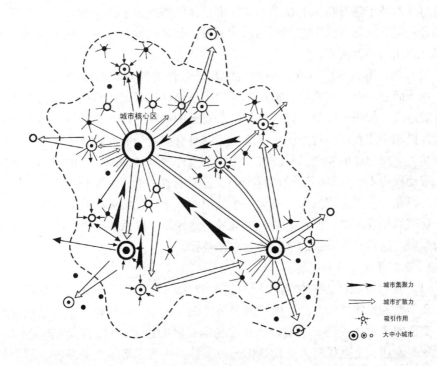

图2-1　城市群集聚与扩散的相互作用

资料来源：姚士谋，陈振光，朱英明等．中国城市群〔M〕．合肥：中国科技大学出版社，2006．

（4）区域内的经济发展因素以及有关的非经济发展因素的空间差异，是导致城市群体内城市之间、城乡之间的经济与非经济空间活动的主要原因。这种活动对于任何城市群体的空间作用都是至关重要的，它表明不同地点和区域的人及其活动在空间上是相互作用的，各种空间作用具有某些共同特性和遵循某些共同原则，如地区经济集聚规模扩大规律和市场原则。正是这种流动使各不相同的地点或区域的各种经济、社会活动互相关联，从而构成一个庞大而复杂的区域城市空间联系。

2. 城市群的空间结构特点

（1）城市群具有特殊的空间结构网络性。城市群不是城市单体，它具有更广泛的空间结构网络性特征，主要反映在地区内各个城市规模的大小、城市群网的密度以及城市之间相互组合的形式上。城市群的空间结构网络性，有以下三个方面：第一，城市群网络的大小（Network – Size）；第二，城市群网络的密度（Network – Density）；第三，城市群网络的组合形式（Type of Network – Composition）。以上三个要素反映了城市群网络结构的基本特征，说明每一个城市在城市群内与其他城市具有特定的联系，城市群整体结构反映了各个城市在一个群体内的集合功能以及形成的千丝万缕的网状关系，其间既存在城市个性的发展，又产生相互作用的共性关系。

（2）城市群具有区域内外的连接性和开放性的特点。城市群不是一个封闭的区域，而是一个开放系统，通过不断地优化调整自身组织结构，保持与外界持续有效地进行物质与能量交换，并发挥着自己的独特功能。戈特曼把城市群放在国家发展和全球发展的背景中，认为城市群具有枢纽功能和孵化器功能，是一个国家甚至全球发展的枢纽，是连接一个国家内部网络和国际网络的枢纽，它的影响和带动作用不仅仅局限于城市群内部，还影响着一个国家经济、文化、贸易等方面。因此，在城市群内部，任何一个城市的形成与发展都不能完全脱离与区域其他城市的相互连接，而且必须与区域外的地区发生联系，随着生产力和市场经济的发展，这种相互联系的强度还会越来越强。

3. 城市群的经济系统特点

（1）城市群经济是一种高集聚经济。现代经济发展的一个典型特征，就是生产和消费的聚集并由此产生的规模经济。现代城市人口相对集中、基础设施齐全、交通四通八达、经济基础较好、市场消费潜力巨大，并拥有科学技术先进、商业贸易发达、金融投资大、信息传递灵、社会生活丰富等有利条件，从而使城市成为生产和消费的高集聚区域，成为商品流通的集散地和枢纽点，成为经济发展的"增长极"。因此，城市群形成的首要条件就是集聚经济，特别是产业集聚和产业集群发展已经成为城市群发展最重要的推动力之一，也是城市群经济最重要的体现。通过大力发展城市群经济，能够推进一个地区的社会分工和规模经济，实现更好的总体经济效益，并通过城市群经济的辐射而带动整个区域经济的发展。中国城镇化发展最基本的动力就是产业的空间集聚，正是产业的不断积聚，促进了工业化过程的发展。在工业化过程中，由于资金、人力、资源和技术等生产要素在有限空间内的高度集中和组合，使得集聚地的城市规模不断扩张，城市数量明显增加，又进一步增强了区域对产业集聚的吸引力，形成城市、产业的良性互动发展。当然，工业化与城镇化的互动影响也并非持续正向增加，因为当区域城镇化水平达到一定程度时，工业发展对城镇化的边际效应也会越来越小，此时，第三产业集聚发展将会成为城镇化发展的后续动力。

（2）城市群经济是一种高能级经济。以大城市为中心的城市群经济系统，比其他地区具有更高的经济势能，从而对周围地区产生强烈的经济吸引和经济辐射功能。作为一个强大的经济场，城市群对周围地区具有强大的吸引力，不断地将周围地区的资金、人才、信息、能量吸引到城市群经济内，促使城市群经济势能不断增强、持续增加，进一步增强城市群经济的对外竞争力和吸引力。同时，城市群特别是中心城市又可通过商品的扩散、技术的转让、产业的升级以及人才的输出对周围地区产生强大的辐射力，在带动周围地区的经济发展、缩小外围地区与中心城市区的经济落差的同时，为中心城市金融、贸易、信息、技术、服务等第三产业的发展腾出空间。形成合理的产业结构和空间布局，发挥中心城市的科技优势和高经济势能，使城市及周围地区的经济向综合、现实的优势发展，推进区域经济的高速发展。

（3）城市群经济是一种开放型经济。现代经济的全球化、一体化发展趋势，使得企业、资本、技术、知识、信息和人才必须实现全球大循环。这也就导致资本、信息、技术、人才总是流向投资回报更高、环境更好的地方。城市群经济作为一种开放型经济，具备了适应现代经济全球化、区域一体化发展的基础和条件，通过城市群经济的培育发展，可以更好地以国际市场为背景，以中心城市的外向性、开放性为特征，通过最佳的经济发展环境、生活条件及社会环境，吸引大量的国际资本、信息、技术和人才聚集，从而推动城市群经济的全球化发展。

（4）城市群经济是一种自组织经济。城市群的发展是动态的，城市群经济的发展也是动态的，现代城市群经济正日益发展成为一个成熟的、自组织的社会经济有机体。其自组织性主要表现在：城市群经济能够适应环境变化和经济发展的需要，不断地进行结构调整、功能调节和空间形态变化，具有强大的自我调整的生命力。城市群经济为了自身的生存和发展，能够不断地进行新陈代谢，变异创新，使新技术、新产品、新产业不断产生和发展，使得城市群经济始终保持强大的创新能力，促进城市群向更高阶段演进。城市群经济具有自我诊断、修补完善的能力，能够在城市群经济发展过程中，积极地应对发展过程中产生的城市病等种种弊端。

第二节　城市群的基本理论

一、城市群发展的阶段理论

城市群不是短期内就能发展形成的，而是需要经过一些基本条件和时间才能形成的。城市群的发展历程是指城市群从初级萌芽阶段发展到高级成熟阶段的一个历史过程。城市群的发展历程是与城市的经济、文化、社会等多方面的发展水平密切联系的；城市群发展的每一个阶段都对应着一定的城市发展水平，只有当城市发展水平达到了一定高度，城市群才能够形成。

虽然不同的城市群因为社会、文化、经济等多方面因素的不同，有着其不同的发展历程，但是总体来说，城市群一般都是沿着从单个城市的发展，到多个城市的发展，再到多个城市一体化发展这一历程而演替前进的。从国内外发达地区成熟城市群的发展历程来看，城市群发展一般可分为四个阶段：

第一阶段：起步发展阶段。城市群是一个城市的集合概念，因此，城市的出现是城市群发展的起点，而城市的形成也需要经过一定的时间和条件才能形成，这个阶段就是城市的形成阶段，最开始形成的城市往往会构成城市群核心城市，最初在城市进行经济活动的人群形成了最原始的城市人口。在经济发展到一定阶段后，城市会吸纳越来越多的人，越来越多的农村人口向城市转移，随着城市人口的增加、经济的不断发展，城市规模开始扩大。虽然这个阶段形成了一些城市，但是由于交通、信息等的不便利，城市之间的联系除了一些简单的商品买卖外，在生产要素等方面的深入交流比较少。

第二阶段：初步发展阶段。由于人口居住的相对分散，交通的不便利，在城市与城市之间逐渐形成了中等规模和较小规模的城市，这些中、小城市充当了大城市交流的关键桥梁作用，同时，这些中、小城市也是未来城市群中的重要组成部分。随着经济的不断发展，最早的城市已经发展成为了规模较大的城市，其城市功能不断完善，城市实力不断提升，而且随着城市间交流的日益密切，这些大城市对中、小城市的影响作用也越来越大。但是，在这个阶段，城市与城市之间的交流还不够密切，基本上还处于城市快速的自我发展阶段，只不过是越来越多的城市已经开始逐步形成了城市群的初步结构。

第三阶段：稳步发展阶段。随着城市的日益增多，城市的规模不断扩大，城市的结构不断完善，大、中、小城市不断发展；城市与城市之间出现了许多交集，出现了许多公共功能区域，大量的交集促使城市间的合作交流日益密切，逐渐形成了初具规模的城市群，并出现了向城市群一体化发展的趋势。城市群的城市也出现了分工，中心城市聚集与扩散作用开始显现，城市群规模比较大，城镇化水平较高，城市体系发育已趋于完善，分工体系较为合理，区域基础设施趋于完善。

第四阶段：成熟发展阶段。这个阶段是城市群的高级发展阶段，这时城市群的作用相当显著，以内涵式发展为主，发展主要表现为质的提高。中心城市聚集与扩散作用明显，城市群规模大，城镇化水平很高，城市体系发育相当完善，已形成合理的分工体系，区域基础设施相当完善。城市群内部的城市实现了一体化发展，城市间的交流非常密切。

城市群不同发展阶段的特征如表 2-2 所示。

表 2-2 城市群不同发展阶段的特征

指标	起步发展阶段	初步发展阶段	稳步发展阶段	成熟发展阶段
规模	较小	较快扩大	较大	大
城镇化	较低	快速提升	较高	高
城市体系	极不完善	加快发育，仍不完善	趋于完善	相当完善
中心城市功能	有一定集聚功能，扩散功能很弱	集聚功能空前强化，扩散功能开始明显	集聚功能明显，扩散功能明显	扩散功能居主导地位
城市分工协作	尚未建立	开始加强	愈发紧密	较为合理
基础设施建设	水平很低	强力推进	网络化开发	一体化、网络化明显
整体发展水平	十分缓慢	发展势头较猛	作用和影响显著	注重质量提升

二、城市群培育与发展的组织战略理论

在管理学中，组织战略是指组织对有关全局性、长远性、纲领性目标的谋划和决策，即组织为适应未来环境的变化，对生产经营和持续、稳定发展中的全局性、长远性、纲领性目标的谋划和决策。它是表明组织如何达到目标、完成使命的整体谋划，是提出详细行动计划的起点，但它又凌驾于任何特定计划的各种细节之上。战略反映了管理者对于行动、环境和业绩之间关键联系的理解，用以确保已确定的使命、愿景、价值观的实现。城市群培育与发展的组织战略，就是通过区域内城市资源的有效整合，强化城市间的功能互补和深度合作，拓宽发展空间，为工业化、信息化提供高效率的环境，挖掘区域经济更为强大的发展功能，从而加快整个区域和国家的经济发展。城市群培育与发展的组织战略主要包括城市群城市体系、空间发展战略、产业整合、基础设施建设和管理模式等方面。

1. 城市群城市体系

城市群城市体系是指地域上邻近、功能上分工、规模上分等的一组城市群体。城市群的良性发展有赖于以大、中、小城市相互协调为特征的区域城市体系的建立。单一的城市发展道路不符合城镇化发展的普遍规律，引导、推动区域经济发展的增长极，重视中、小城镇发展，应以中心集聚、点轴拓展的原则建立区域城市体系。

2. 空间发展战略

城市群空间结构的研究是建立在对各城市经济结构、社会结构、规模结构、职能结构多层面的结构和人流、物流、资金流、信息流的相互作用的充分认识的基础上，其目的是对城市结构、相互作用与形成机制三者结合的研究，分析形成这种结构与相互作用的主导机制或组织原理。

3. 产业整合

从经济学的角度来说，整合意味着城市群从城市间交易壁垒高、区域总社会福利较低、消费者剩余低、生产者剩余低、净福利损失高向着城市间交易壁垒降低、区域总社会福利高、消费者剩余增加、生产者剩余增加、净福利损失降低演化的过程。在这个过程中，产业整合是至关重要的一个方面，其内涵包括产业分工的深化、产业协作的增强、产业结构的高度化和产业空间的合理化。

4. 基础设施建设

城市基础设施是为城市生产和人民生活提供一般条件的公共设施，是城市赖以生存和发展的基础，城市基础设施建设在城市群发展进程中可以起到"催化剂"的效应，它能够代表区域经济发展的水平，对于加速城市群区域经济一体化可以起到直接的推动作用。城市群的重大基础设施包括公路、港口、航道、空港、轨道交通以及重要资源开发，如水资源、岸线开发、能源开发等。此外，城乡系统配套、相互融合的基础设施，多方式、多层次、多功能的基础设施服务网络，也是城市群发展的重要基础设施支撑保障。

5. 管理模式

城市间的组合发展可形成强大的"磁吸效应"，能产生巨大的经济效益，有力地带动整个区域经济的发展。城市规划相关研究表明，解决城市问题不能局限于各自狭隘的单一范围内，必须走联合协调互补之路。发达国家经过几十年对城市群的行政组织与管理的探索和实践，目前已经建立了比较完整、定型的城市群行政管理组织和体制。主要的两种模式也可为中国城市群的行政组织与管理模式研究提供参考借鉴：一是行政一体化模式。借助行政区划调整手段，从政府和行政改革的角度将城市群区域内的若干城市合并，组建新的城市政府。二是紧密双层次政府组织模式。在城市群区域城市的基础上建立有明确职能和组织形式的联合政府，协调各城市之间的关系，即城市地方政府和城市群联合政府双层次政府并存。

三、城市群发展与培育的空间结构理论

城市群发展与培育的空间结构理论研究的重点就是城市群的空间特征及其演化规律。城市群空间结构的形成是一个复杂的社会经济累积过程，也是城市群区域城市结构的时空融合过程，深入研究城市群空间结构特征，有助于更好地发挥城市群整体的经济优势，促进区域经济的可持续发展。城市群发展不同阶段的空间结构形式如图 2-2 所示。

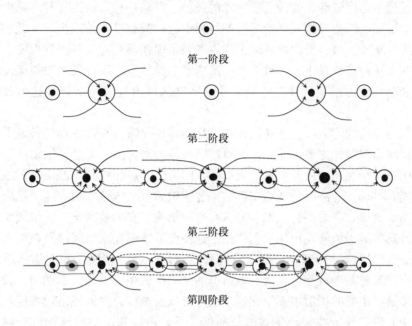

图 2-2 城市群发展不同阶段的空间结构形式

城市群空间结构可以理解为经济结构、社会结构、文化结构与区域自然结构之间相互交织并在空间地域上的投影，是城市群功能组织方式在空间上的具体表现，也是城市群发展程度、阶段与过程的空间反映。城市群空间结构大致可以归纳为组团集聚形、带形、放射形和集群式组群形。城市群的宏观生长形态有聚团状、带状和星状三种，其基本构成要素是伸展轴、节点和结节地域以及轮廓线。城市群空间结构的类型取决于城市群区域各城市之间的关联方式所决定的功能地域结构的合理性，各城市功能地域结构的市场化联系越密切，越有利于发挥城市群的整体功能。随着城市群发展阶段的进步，其空间结构也在不断优化调整。

四、城市群发展与培育的系统和协同发展理论

城市群的形成、发展以及最终实现一体化，有其自身的运行机理。共同利益机制是城市群一体化运行的内在动力。城市群一体化的实质就是在合理分工和充分协作的基础上形成区域共同利益，这种共同利益又是区域内各经济主体共同分享的，也是各城市政府所共同追求的。因此，城市群一体化的发展过程也是区域共同利益目标的探索过程和区域共同利益机制的形成过程，离开了区域经济共同利益机制作用的发挥，经济一体化就会受到影响。

资源优化配置是城市群一体化运行的经济目标。资源的优化配置是人类社会在生产过程中运用资源、实现资源配置的过程。资源是有限的，某种产品生产所需资源的增加必然会导致其他产品生产过程中这种资源投入的减少。从城市群一体化的运行来看，城市群内部各城市的生产要素等社会经济资源配置也要实现最优化。在市场经济条件下，区域内的生产要素总是具有向取得最大效益区位流动的动力和趋势，也正是这种高度的流动性推动区域内社会经济资源达到最优化配置。

市场与政府的博弈与合作是城镇化运行的外在保障。在市场经济条件下，城市群的空间组织形式主要依赖于市场机制。市场的力量决定了经济活动的发生以及其中的企业行为，并由此引发了人口的空间集聚，从而构成了城市群形成、发展的前提。可见，经济活动在城市群演进过程中起着决定性作用。经济发展使城乡矛盾逐渐突出，并最终打破原有的城乡空间结构，在失衡状态下，形成城市群空间的外延扩展。虽然在市场机制作用下经济要素能够在城市间以及在城市群之间合理、有序地流动，但是，如果没有政府行政、经济和法律等支撑体系作保证，没有政府对基础设施的投入，城市群的空间扩展将受到很大的制约。特别是在绝大多数城市群的扩散主要沿交通干线进行以及城市群内的城市建成区扩展也是自市中心沿交通干线呈触角式增长的情况下，市场和政府的合理机制愈显重要。政府作为城市规划、城市管理以及基础设施供给的主体，对城市群的空间扩张起到关键性的作用。政府可以通过制定相关政策和法规等途径以及行政区划的调整等手段来引导、培育和促进城市、城市群的形成和发展，促进城市群的一体化发展。

因此，城市群的形成、发展与一体化都离不开利益这一运行的共同基础；城市群的协调互动及实现一体化发展的标志是资源的优化配置；城市群一体化的动力机制既包括市场和政府的作用，更离不开政府与市场的合力。

第三章 国内外城市群发展与经验借鉴

第一节 国内外主要城市群发展概况

一、世界级城市群概况

20 世纪 50 年代以来，世界经济发展的一个突出特征，就是以大城市为中心的城市群的发展正逐步成为世界经济发展的主导趋势。城市群作为城市化发展的高级形态，其有效扩展大城市功能、提高城市效率、增强城市在国际竞争中的地位，同时在一定程度上缓解大城市病、克服城市发展空间不足的作用越来越被大家重视。在欧美国家，城市群发展进程通常表现为郊区化过程，即居住的郊区化，制造业、零售业的郊区化以及办公室就业的郊区化等。欧美发达国家的城市群发展大都经历了如下三个阶段：一是集聚为主的阶段。在此阶段，社会经济活动在空间形态上由分散状态向集中状态过渡，但往往发生在单个城市内。其特点表现为人口、企业从城市中心地带扩散到郊区，出现范围较大的城市地区，城市容量高速增长，如第二次世界大战后欧洲出现的伦敦大区、巴黎大区等。二是城市群扩张阶段。此阶段中，城市群内各城市以及郊区的界限在这一阶段已经无法明确辨认，同时城市群内出现多个中心城市，郊区次中心也迅速扩大，城乡差异迅速减小。三是城市群的真正形成阶段。该阶段内，城市群发展更加成熟完善，形成相互重叠、相互融合、相互渗透的城市集合，在城市群内形成更强的经济势能，进而带动外围城市发展，形成区域经济的一体化。

从城市群形成发展到今天，在世界范围内，最具规模、最有影响力的，能被大家所公认的世界级城市群包括美国东北部大西洋沿岸城市群、北美五大湖城市群、日本太平洋沿岸城市群、欧洲西北部城市群、英国伦敦—伯明翰—曼彻斯特城市群以及中国长江三角洲城市群。

（1）美国东北部大西洋沿岸城市群。该城市群从波士顿到华盛顿，包括波士顿、纽约、费城、巴尔的摩、华盛顿几个大城市，共40个城市（指10万人以上的城市）。该城市带长965千米，宽48～160千米，面积为13.8万平方千米，仅占美国国土面积的1.5%。但城市群区域拥有人口6500万，占美国总人口的20%，且城市化水平达到90%以上，是美国最大的生产基地和商贸中心，同时该城市群也拥有世界最大的国际金融中心。

（2）北美五大湖城市群。该城市群分布于五大湖沿岸，从芝加哥向东到底特律、克利夫兰、匹兹堡，并一直延伸到加拿大的多伦多和蒙特利尔，集中了20多个人口100万以上的大都市。是美国、加拿大两国工业化程度和城市化水平最高的地区。该城市群与美国东北沿海城市群共同构成了北美的制造业带。

（3）日本太平洋沿岸城市群。一般指从千叶向西，经过东京、横滨、静冈、名古屋，到京都、大阪、神户的范围。该城市群一般分为东京、大阪、名古屋三个城市圈，城市群区域面积为3.5万平方千米，占日本国土面积的6%，但人口将近7000万，占全国总人口的61%，是日本经济最发达的地带，也是日本全国政治、经济文化、交通的中枢，分布着全日本80%以上的金融、教育、出版、信息和研究开发机构。

（4）欧洲西北部城市群。这一超级城市带实际上由大巴黎地区城市群、莱茵—鲁尔城市群、荷兰—比利时城市群构成。主要城市有巴黎、阿姆斯特丹、鹿特丹、海牙、安特卫普、布鲁塞尔、科隆等。这个城市群10万人口以上的城市有40个，总面积为14.5万平方千米，总人口为4600万。其中，巴黎是法国的经济中心和最大的工商业城市，也是西欧重要的交通中心之一；鹿特丹素有"欧洲门户"之称。

（5）英国以伦敦为核心的城市群。该城市群以伦敦—利物浦为轴线，由伦敦大城市经济圈、伯明翰城市经济圈、利物浦城市经济圈、曼彻斯特城市经济圈、利兹城市经济圈所组成，不仅包括伦敦、伯明翰、谢菲尔德、利物浦、曼彻斯特等大城市，还包括区域的众多小城镇。城市群总面积达4.5万平方千米，占全国总面积的18.4%，但集中了英国80%以上的经济总量。该城市群是产业革命后英国主要的生产基地，也是目前英国的产业密集带和经济核心区。

（6）中国的长江三角洲城市群。该城市群以上海为中心，包括南京、杭州、苏州、无锡、常州、扬州、南通、镇江、嘉兴、宁波、绍兴、舟山、湖州等20多个大、中城市，面积为10万平方千米，人口超过7000万，是我国目前城镇化程度最高、城镇分布最密集、经济发展水平最高的地区，也是我国唯一得到国际公认的世界级城市群。

二、国内城市群发展概况

1. 国内城市群研究发展历程

伴随着中国经济的快速发展，中国的城镇化和城市群进程大大加快，除已跻身于国际公认世界级城市群的长江三角洲城市群外，包括珠江三角洲、环渤海京津冀区域等很多区域也已经形成或正在形成城市群，但关于城市群发展的研究，特别是城市群的数量、规模上，各种观点还是略有区别。

中国社会科学院发布的《2006年城市竞争力蓝皮书》基于城市竞争力的概念框架理论研究，提出了长三角、珠三角、京津冀、山东半岛、辽中南、海峡西岸、中原、徐州、武汉、成渝、长株潭、哈尔滨、关中、长春和合肥15个城市群，并进行了竞争力排序。2007年国家发展和改革委员会（以下简称发改委）国土开发与地区经济研究所肖金成研究员等人研究认为，目前我国除长三角、珠三角、京津冀三大城市群之外，山东半岛、辽中南、中原、长江中游、海峡西岸、川渝和关中7个城市群也初具规模，端倪已现，此外长株潭、北部湾、吉林中部、黑龙江中北部以及天山北坡等区域也有希望发展成为新的规模较大的城市群。中国科学院地理科学与资源研究所在《2010中国城市群发展报告》中提出了23个城市群，认为目前中国正在形成23个城市群，其中长三角、珠三角、京津冀、山东半岛、辽东半岛、海峡西岸、长株潭、武汉、成渝、环鄱阳湖、中原、哈大长、江淮、关中、天山北坡城市群15个为达标城市群。南北钦防、晋中、银川平原、呼包鄂、酒嘉玉、兰白西、黔中和滇中城市等8个为非达标城市群。

2014年发布的《国家新型城镇化发展规划》中明确提出，要按照统筹规划、合理布局、分工协作、以大带小的原则，发展集聚效应高、辐射作用大、城市体系优、功能互补强的城市群，使之成为支撑全国经济增长、促进区域协调发展、参与国际竞争合作的重要平台。要优化提升东部地区城市群、培育发展中西部地区城市群，要建立完善的城市群发展协调机制。从重点培育国家新型城镇化政策作用区的角度出发，国家确定打造20个城市群。其中，重点建设5大国家级城市群，包括长江三角洲城市群、珠江三角洲城市群、京津冀城市群、长江中游城市群和成渝城市群；稳步建设9大区域性城市群，包括哈长城市群、山东半岛城市群、辽中南城市群、海峡西岸城市群、关中城市群、中原城市群、江淮城市群、北部湾城市群和天山北坡城市群；引导培育6大新的地区性城市群，包括呼包鄂榆城市群、晋中城市群、宁夏沿黄城市群、兰西城市群、滇中城市群和黔中城市群。

2. 国内主要城市群发展现状

无论研究得出的观点有何差异，目前对中国城市群发展达成共识的就是以上海为龙头的长江三角洲城市群，以北京、天津为核心的京津冀城市群和以广州为核心的珠江三角洲城市群。这三个城市群被认为是目前中国城市群发展程度最高、规模最大、集聚效应最明显的城市群，也是目前引领中国经济快速发展的三个巨大增长极。依据全国第六次人口普查数据结果，三大城市群的总人口只占全国人口的7.53%，土地占全国总面积的1.24%，但GDP却占全国总额的40%以上，其中长江三角洲GDP占20%以上，珠江三角洲和京津冀GDP分别占全国的10%以上，利用外资额更高达73%。三大城市群引领着过去中国经济的发展，未来中国经济仍将继续向这三大城市群集聚，三大城市群还将继续扩展其发展的潜力空间，担当推动中国经济发展的"三大发动机"。

三大城市群人口和经济指标占全国比重变动情况如表3-1所示。

表3-1　三大城市群人口和经济指标占全国比重变动情况　　　　单位:%

地区	"三普"（1982年）		"四普"（1990年）		"五普"（2000年）		"六普"（2010年）	
	城镇人口	GDP	城镇人口	GDP	城镇人口	GDP	城镇人口	GDP
京津冀	9.0	9.8	7.3	8.7	7.7	10.3	8.8	10.8
长江三角洲	12.9	18.2	12.0	15.6	14.9	21.4	15.4	21.4
珠江三角洲	5.4	6.4	9.6	7.9	10.4	10.8	10.5	11.4
合计	27.2	34.4	28.8	32.3	33.0	42.5	34.7	43.6

资料来源:《中国统计年鉴》(1991、2001)、1990年人口普查资料、2000年人口普查资料、全国及各省2010年"六普"人口数据公报。

随着城镇化水平的提高，东、中、西部其他区域的城市数量和城市规模都在不断扩大，在便捷高效的交通、通信等基础设施的支撑保障下，不但极大地改善了城市之间的交通状况，还密切了城市间的产业联系与经济合作，区域经济一体化进程大大加快。除前述长江三角洲、珠江三角洲、京津冀三大城市群之外，一些新的城市群已经展现出巨大的发展潜力。

（1）长江中游城市群。该城市群是以武汉、长沙、南昌、合肥四个城市为核心，以武汉城市圈为主，联合长株潭城市群、环鄱阳湖城市群、江淮地区等经济发展地区城市群，辐射湖北、湖南、江西、安徽四省，城市群总面积为29.84万平方千米，占全国总面积的3.1%，辐射人口将近1.1亿人，约占全国总人口的8%。与长江三角洲和珠江三角洲平坦的地势相比，中三角间山水相阻，地形复杂，面积却为世界之最，是长江三角洲的3倍，珠江三角洲的5倍，另外，长江中游城市群是我国具有优越的区位条件、交通发达、科技教育资源丰富的城市群之一，在我国未来空间开发格局中，具有举足轻重的战略地位和意义。

（2）成渝城市群。成渝城市群是双核城市群的典型，是以成都和重庆两大城市为核心，主要范围包括四川省内的成都、绵阳、德阳、眉山、遂宁、内江、乐山、南充、资阳、简阳、自贡、广安、雅安、达州以及重庆主城九区、涪陵、合川、永川、江津、大足、垫江、璧山、铜梁、万州等，总面积达 20.61 万平方千米，占全国总面积的 2.1%，2012 年末人口达 9926.8 万人。该区域是西部地区经济腹地广、市场辐射能力强、宜居空间大的人口和经济密集区。

（3）哈长城市群。哈长城市群是以哈尔滨、长春为核心城市，辐射周边吉林、大庆、齐齐哈尔、牡丹江、延吉、四平等城市的城市群带，该城市群总面积为 26.4 万平方千米，占全国总面积的 2.7%，2012 年末人口为 3669.65 万人，哈长城市群作为振兴东北的重要平台和载体之一，必将迎来新一轮发展契机。

（4）山东半岛城市群。山东半岛城市群是山东省发展的重点区域，它包括青岛城市群、济南城市群和半岛城市群，是我国北方重要的城市密集区之一，2012 年末人口总数已达 2085.9 万人。山东省是黄河中下游广大腹地的出海口，同时又是距离韩国、日本地理位置最近的省份，地处我国环渤海区域，位于我国参与东北亚区域合作的前沿阵地，经济发展水平较高，产业基础雄厚，城市体系较为完善，综合交通网络发达，半岛城市群规划呼之欲出，济南、青岛将成为区域双中心，烟台为区域副中心，促使烟台与济南、青岛分别成为区域东、南、西部子区域的核心城市。

（5）辽中南城市群。辽中南城市群以沈阳、大连为中心，主要包括鞍山、抚顺、本溪、丹东、辽阳、营口、盘锦等城市，全区面积占东北地区总面积的 12.25%，2012 年末该城市群人口总数约为 2822.7 万人，该地区城市高度密集、大城市所占比例最高，全区生产总值占东北地区的将近 50%。作为中心城市的沈阳是东北和内蒙古东部的经济中心、交通、文化和信息中心，全国最大的综合性重工业基地，而大连是东北亚地区重要的国际航运中心，东北地区最大的港口城市和对外贸易口岸，也是重要的旅游城市，因此，可以说辽中南城市群基本上带动了东北地区的经济发展。

（6）海峡西岸城市群。以福州、泉州、厦门、温州、汕头为五大中心城市，带动由 21 个城市组成的海峡西岸城市群，该城市群总面积为 27 万平方千米，但 2012 年末人口总数就已经达到了 5191.3 万人。海峡西岸城市群与台湾隔海相对，既是开展对台合作、促进和平统一的基地，又可在合作中加快发展。加快海峡西岸经济区建设，将进一步促进海峡两岸经济紧密联系，互利共赢，推进祖国统一大业。

（7）关中城市群。关中城市群是指以大西安（含咸阳）为中心、宝鸡为副中心，包括渭南、铜川、商洛（地理划分属陕南）及杨凌区的城市群（欧亚大陆桥沿线城市）。该区域不仅为陕西人口最密集地区，2012 年末该区域人口已达 2398.2 万人，而且经济发达，文化繁荣，周、秦、汉、唐均建都于此。

（8）中原城市群。中原城市群是以郑州为中心，以洛阳为副中心，开封、新乡、焦作、许昌、漯河、平顶山、济源等地区性中心城市为节点构成的紧密联系圈，是中国 7 大国家级二级城市群之一，该区域土地面积为 5.87 万平方千米，人口为 5140.7 万人，分别占河南省土地面积和总人口的 35.3% 和 52.4%。中原城市群也是河南省乃至中部地区承接发达国家及中国东部地区产业转移、西部资源输出的枢纽和核心区域，并将成为参与国内外竞争、促进中部崛起、辐射带动中西部地区发展的核心增长极。

（9）江淮城市群。随着安徽经济"爆发式增长"的出现，以合肥为中心的江淮城市群已初现雏形，江淮城市群将是一个以合肥为中心的"1 + 10"城市群，2012 年末拥有人口 3952.8 万人，面积约为 6.5 万平方千米，包括合肥、芜湖、蚌埠、淮南、马鞍山、铜陵、安庆、滁州、六安、池州 10 个省辖市，江淮城市群中以合肥为核心，以沿江、沿淮城市为两翼，城市群内有 5 条铁路和 6 条高速公路向四周辐射，辐射带动能力不断增强，范围可以达到安徽北部和安徽南部，形成一个真正意义上的省级经济圈。

（10）北部湾城市群。北部湾城市群土地面积为 4 万余平方千米，由北部湾（广西）经济区内南宁、北海、钦州、防城港、玉林、崇左 6 个地级市和东兴、凭祥、北流 3 个县级市及其境内的县城组成，拥有北部湾顶端约 1600 千米的海岸线，是中国与东盟之间唯一既有陆地接壤又有海上通道的经济板块，所以该城市群交通便利，2012 年末人口已达 1778.3 万人。

（11）天山北坡城市群。天山北坡经济带是新疆经济最发达的地区，在全疆有着举足轻重的影响，是"八五"与"九五"期间我国国土综合开发的 19 个重点片区之一和国家西部大开发重点地区，由天山北坡经济带核心区域组成的天山北坡城市群是国家确定打造的 9 大区域性城市群（国家二级城市群）之一，也是目前新疆城镇化、工业化水平最高，城市群发展最具基础和规模的地区。该城市群以乌鲁木齐为中心，包括周边的昌吉、石河子、呼图壁、玛纳斯、五家渠、阜康，同时，向西延伸扩展至克拉玛依、奎屯、乌苏、沙湾，向东涵盖吉木萨尔、奇台，向南辐射吐鲁番、托克逊、鄯善，还包括区域内所属的新疆生产建设兵团第六师、第七师和第八师部分城镇。城市群内城市总数占到全疆的 17.58%，区域国土面积占全疆的 18.02%。2012 年，城市群总人口为 626.21 万人，占全疆总人口的 28.05%，GDP 总量为 4511.8 亿元，占全疆的 58.86%，是新疆名副其实的经济核心区，也是未来新疆"丝绸之路经济带"核心区建设的重点区域。中心城市乌鲁木齐是新疆的政治、经济、文化、科教、金融和交通枢纽中心，

2012 年全市经济总量占全疆的 26.67%，占天山北坡城市群的 44.37%，是天山北坡城市群乃至全疆的经济引擎中心，依靠其首位城市的辐射功能，乌鲁木齐市有效带动了城市群及周边城市的发展，正成长发展为我国全面扩大向西开放的重要门户和窗口。

（12）呼包鄂榆城市群、晋中城市群、宁夏沿黄城市群、兰西城市群、滇中城市群和黔中城市群。这些城市群作为地区性城市群，与其他两类不同，这一类城市群主要是引导培育，使其初具城市带雏形。例如，宁夏沿黄城市群，早在 2009 年 4 月 9 日，宁夏回族自治区（以下简称宁夏）政府隆重召开沿黄城市群建设启动大会，城市群主要包括宁夏沿黄河分布的银川、石嘴山、吴忠、中卫、平罗、青铜峡、灵武、贺兰、永宁、中宁 10 个城市以占宁夏 43% 的国土面积，集中了宁夏全区 57% 的人口、80% 的城镇、90% 的城镇人口，创造了宁夏 90% 以上的 GDP 和财政收入，已初具城市带雏形。再如，滇中城市群包括昆明、曲靖、玉溪、楚雄四州（市）行政辖区范围，总规划面积为 9.6 万平方千米。规划的期限为 2009 ~ 2030 年，根据规划，到 2030 年末，滇中总人口规模约为 2400 万人，城镇化水平达到 75%。按照云南省"滇中城市群"构想，云南省将以昆明为核心，携手曲靖、玉溪和楚雄进行滇中城市群建设。在 2015 年城市群规划编制阶段，国家发改委将黔中城市群列入地区性城市群，大力培育以贵阳为中心的黔中城市群，基本形成黔中城市群框架，建设成为全省城镇化的核心区，带动全省城镇化加快发展。

第二节 国内外城市群演变规律

城市群是城镇化发展到成熟阶段的城市地域空间组织形式，是城镇化进入高级阶段的标志，是推进城镇化的主体形式。城市群的发展，是城市功能与城市产业集聚与扩散双重作用的产物。城市功能的集聚与扩散，导致了城市的发展、新城镇的出现乃至城镇密集区的形成；城市产业的集聚与扩散，促进了城市间经济、社会和文化领域的多层次非实体融合，最终形成城市群。城市群发展的基本规律主要体现在以下七个方面。

一、工业化是城市群产生和发展的根本动力

国内外城市群的形成、发展大都产生于工业和经济基础雄厚的地区。就国外城市群的最早起源来看，城市群诞生于英国。英国作为世界上最早开始工业化和

城镇化的国家，在工业革命的推动下，城镇化进程十分迅速，曼彻斯特、伯明翰、利物浦等一大批工业城市迅速崛起、成长，在英格兰中部地区形成了由伦敦、伯明翰、利物浦、曼彻斯特等城市聚集而成的英格兰城市群。随着资本、工厂、人口向城市的迅速集中，在德国的鲁尔地区、法国北部地区、美国大西洋沿岸和五大湖沿岸等地区，都在工业革命的进程中形成了城市密集地区，出现了城市群。在工业化的推动下，这些城市往往集外贸门户职能、现代化工业职能、商业金融职能、文化先导职能于一身，成为国家社会经济最发达、经济效益最高的地区，具有发展国际联系的最佳区位优势，是产生新技术、新思想的"孵化器"，对国家、地区乃至世界经济发展具有中枢的支配作用。国内现有的三大城市群亦是如此，与其他地区相比，该区域经济基础较好，工业化和城镇化发展较快，为城市群的产业和发展提供了重要保障。

二、城市间密切的产业分工协作关系是城市群发展的重要特征

城市群发展必须要实现城市间合理的产业分工协作，美国东北部大西洋沿岸城市群就可为例证。纽约是该城市群的核心，它是全美甚至是全世界的金融中心，一直左右着世界的金融、证券和外汇市场。纽约还是美国和国际大公司总部的集中地，同时又是各种专业管理机构和服务部门的聚集地。费城是该城市群的第二大城市，重工业发达，它是美国东海岸的主要炼油中心和钢铁、造船基地。波士顿是有名的文化中心，全世界闻名的哈佛大学、麻省理工学院就在这里。以波士顿为中心的128公路环形科技园区已形成一个高技术工业群，是仅仅次于硅谷的全美微电子技术中心。华盛顿是美国的首都、政治中心。这一城市群内有多个港口，各港口在发展中有合理的分工：纽约港是商港，以集装箱运输为主；费城港主要从事近海货运；巴尔的摩港作为矿石、煤和谷物的转运港；波士顿则是以转运地方产品为主的商港。合理的分工有效扩展了该城市群内各城市的持续成长发展空间。此外，在日本东京都市圈内，城市之间的分工也十分明确：千叶为原料输入港，横滨专攻对外贸易，东京主营内贸，川崎为企业输送原材料和制成品。可以看出，这些城市群都有自己特殊的职能，都有占优势的产业部门，而且彼此间又紧紧相连，在共同市场的基础上，各种生产要素在城市群中流动，促使人口和经济活动更大规模地集聚，形成了城市群巨大的整体效应。

三、发达的交通网络设施是城市群快速发展的重要支撑

交通网络的发展对城市群产业空间演化具有重大的影响作用。一方面能促进城市群空间扩展并改变着城市外部形态，对城市空间扩展具有指向性作用；另一方面可直接改变城市群的区域条件和作用范围，产生新的交通优势区位、新城市

或城市功能区，进而改变原有的城市群产业空间结构。随着区域经济的发展，城市群产业空间结构内部向心集聚的同时，扩散辐射作用也不断强化。在这一过程中，沿交通通道的轴线集聚与扩散是城市群产业空间结构扩展最普遍的形式。特别是在现代条件下，各城市之间要彼此合作，形成各具特色的劳动地域分工城市群体系，就必须以发达的交通运输网为依托。国外城市群大多拥有由高速公路、高速铁路、航道、通信干线、运输管道、电力输送网和给排水管网体系所构成的区域性交通基础设施网络，其中，发达的铁路、公路设施构成了城市群空间结构最核心的骨架和连接枢纽。

四、核心城市带动是城市群发展的主要模式

每一个城市群都必然包括一个或数个核心城市，这是城市群形成和发展的必然表现，而且现有的城市群发展也基本是依靠核心城市带动推进的。以纽约为中心的美国东北部大西洋沿岸城市群、以洛杉矶为中心的美国西南部太平洋沿岸城市群、以东京为中心的日本太平洋沿岸城市群、以伦敦为中心的英国伦敦城市群等都是这一模式的发展典型。其共同特点是：有一个超级城市，如同一座高耸的塔，伟岸地耸立在这个城市群之中，并以极强的带动辐射功能影响着城市群的每一个城市。最典型的是日本东京，其城市职能是综合性的：一是全国的金融、管理中心，全日本30%以上的银行总部、50%销售额超过100亿日元的大公司总部设在东京。二是全国最大的工业中心，该地区制造业销售额占全国的1/4。三是全国最大的商业中心，30余万家大小商店，销售额占全国的29.7%，批发销售额占全国的35.3%。四是全国最大的政治文化中心，东京是首都，有著名的早稻田大学、东京大学、庆应大学等几十所高等学府。五是全国最大的交通中心，东京湾港口群是国内最大的港口群体，以东京和成田两大国际机场为核心，组成了联系国内外的航空基地。这一集多种功能于一身的城市不仅是该城市群的核心，而且也是整个日本的中心城市。

五、政府的规划协调是城市群发展的重要保障

发达国家城市群规划建设的时候，一般都通过相应立法来明确区域规划的法律地位、区域协调机构的权威性以及协调措施。例如，日本先后颁布实施了《首都圈整备法》、《北海道开发法》、《冲绳振兴开发特别措施法》、《过疏地区振兴特别措施法》、《地方据点地区整治法》等共126种与区域开发和城市群发展有关的法律；美国的《地区复兴法》、法国的《区域规划法》、英国的《工业发展法》和《产业布局法》等也是其城市群发展的重要的法律保障。当然除了法律以外，制定科学有效的规划也是城市群发展所必需的。例如，英国在1964年建立了"大伦敦议会"专门负责大伦敦城市群的管理和发展问题。1990 年以后，大伦敦地区又先后引入了战略规划（Strategic Planning Guidance，SPG），以维持城市群战略规划得以一致和协调。法国为了促进大巴黎城市群的发展，也于 1958 年制定了巴黎地区发展规划，并于 1961 年成立了"地区整顿委员会"（PA-DOG），1965 年制定了"巴黎地区战略规划"，采用了"保护旧市区，重建副中心，发展新城镇，爱护自然村"的方针，规划建立了一个新的多中心布局的区域。日本政府也高度重视规划的重要性，早在 1940 年就制定了《国土开发纲要》，1950 年制定《国土综合开发法》，从 1962 年通过《第一次全国综合开发计划》到 1998 年，先后五次制定国土综合开发计划，从而优化了日本城市群的产业空间布局。

六、沿交通轴线集聚和扩散是城市群发展的主要方式

城市群区域内的网络化组织，主要由交通运输、通信电力等物质性网络以及市场中各种要素资源流动形成的非物质性网络构成。其中，交通网络和交通运输业、信息产业的发展对城市群经济的产业空间演化具有重大的影响。在工业化发展的初期和中期，交通运输业发达的港口城市凭借其发达的交通运输网络，可大力发展如石油、化工、钢铁工业等相应的传统产业，大量不同规模的产业包括其配套产业、前后相关联产业和服务产业受集聚效应的作用在某一区域集聚，导致了区域大批城镇的迅速发展，这些城镇之间存在着紧密的经济联系而最终形成城市群经济。

七、城市群的发展与世界经济重心的转移密切相关

18 世纪后，工业革命使英国成为世界经济增长中心，伦敦和英格兰中部地区形成以伦敦至利物浦为轴线的大片城市带或城市群。19 世纪，欧洲大陆的兴起，使西欧地区成为世界经济增长中心。在法国大巴黎地区、德国莱茵—鲁尔地区、荷兰和比利时的中部地区，以巴黎、布鲁塞尔、阿姆斯特丹、波恩等大城市为中心形成了规模大小不等的城市群，并共同组成了"人"字形的发展轴。进入 20 世纪后，世界经济增长中心从西欧转移至北美。在美国东北部和中部地区形成了波士顿—纽约—华盛顿城市群以及五大湖沿岸城市群。20 世纪 50 年代后，美国的经济重心向中西部转移，从而推动了该地区城市群的发展，形成了旧金山—洛杉矶、达拉斯—休斯敦以开发高新技术产业为特色的新兴城市群。随着日本经济的崛起以及工业化与城镇化的加速发展，在日本东部地区形成了以东京—大阪为轴线的庞大城市群。20 世纪 80 年代初，日本劳动密集型产业向东南亚和中国的东南沿海转移，出现了亚洲"四小龙"和中国沿海城市群。全球产业中

心的转移，为城市群经济的形成提供了必不可缺的条件，加速了城市群经济的兴起和发展。值得一提的是，进入 21 世纪后，世界经济增长的重心正向亚洲太平洋地区转移，中国正成为世界经济发展的新增长极。可以预见，21 世纪新崛起的城市群，将是长江三角洲城市群、珠江三角洲城市群、京津冀城市群。

第三节　国内外城市群发展存在的问题

一、国外城市群发展存在的问题

从发展特征上看，国外城市群的发展概括为两种典型类型，即"欧美模式"和"墨—印模式"。简单来说，"欧美模式"是一种以城市为主导的城市群发展模式，而"墨—印模式"是以政府为主导的城市群发展模式。但是伴随工业化和城镇化的不断推进，国外城市群无论是依照"欧美模式"发展起来的，还是依照"墨—印模式"发展起来的，在适应生产力不断进步的同时，也出现了一些新的问题。针对这些问题，这些国家也采取了许多相应的措施，并且取得了明显的成效，概括起来主要包括以下几个方面：

第一，在城市群的协调管治方面，国外的城市群大多属于总体松散型的结构。城市群作为众多城市的聚集体，必然会存在着不同城市发展目标相互冲突的现象，如何协调处理城市之间的矛盾又不因过多的管治而束缚城市群的整体发展，是摆在各国政府面前的一个巨大的挑战。因此，许多国家从制度创新入手，打破政区界限，尝试更为有效的区域管治方式，作为地方政府经济发展政策的重要工具，减少重复投资，改变各自为政行为。

第二，城市群发展的可持续性。可持续性一直是城市群这一地域空间系统所面临的重要挑战，一方面城市群被看作区域或国家经济增长的发动机，城市的空间和资源都被用来积累更多的财富；另一方面由于城市增长对环境、社会和经济方面的负面影响日趋明显，作为经济、社会、环境问题中心的各个城市又被看作区域可持续发展的潜在障碍。许多国家都在正视这一问题，并尝试用建设性措施来推进城镇化和人口迁移过程，表现在把建设适居城市作为发展目标，加强战略规划，着力培育多中心的城市群内部结构，减轻"城市病"的影响，形成城市群生态改善和使之更适宜人类居住的宏观基础。

第三，设施一体化和内部发展不平衡。最初，西方国家为了缓解单一中心城市人口过于集中、交通拥挤、生态环境恶化、失业人口增加等问题采取了城市群布局方式，在地域上组成一个相互关联、相互依赖的城市群体。尽管发展城市群以其集聚优势给一定区域的发展带来了不可替代的重要意义，但其在发展过程中由于忽视城市发展的内在规律，过分追求经济发展和城市扩张而引发很多社会问题，相应地也带来了一系列的弊端。突出表现在以下几个方面：城市规模的过度膨胀、城市的过分拥挤和贫民窟的出现；服务设施缺少统一规划、整体协调性差；缺少对城市郊区化的有效控制而导致社会分化和内城衰退现象，城市功能结构不合理、过分强调功能分区和大规模城市改造而导致的城市间与城市内发展不平衡；区域生态平衡破坏，区域经济发展失衡与区际差异扩大。针对这些问题，许多国家纷纷尝试建立相对完善的城市群制度，通过区域政策来对城市群发展实施干预，均取得明显的成效。

二、国内城市群发展存在的问题

1. 城市群缺乏核心辐射源

大城市（或特大城市），是城市群中的第一级次，在城市群群体内起着核心和支撑的作用，但我国城市群中普遍存在着大城市不大的毛病。这里的"不大"，不是指城市城区空间的面积，而是指大城市没有起到核心的带动作用。主要表现在其领导力和带动力明显不够，没有形成适应区域经济发展的核心辐射源，从而加重了区域内部协调发展的矛盾。现代意义上的大城市，已不是一个单纯的"点"，它与周边城市是相互联系、唇齿相依的共生体。我国目前的城市群除长江三角洲城市群外，其他城市群还未能形成具有强大主导作用的经济中心。以环渤海湾城市群为例，群体内的北京、天津两个龙头为国家直辖市，经济力量可谓雄厚，科研力量可谓强大。文化和社会方面，北京是我国的政治、经济、文化中心，这是其他城市无可比拟的巨大潜在价值，北京和天津都是极具文化底蕴的城市，两市的交通在全国最为便利，四通八达的高速公路、铁路和航空可说国内任何一个城市都无法媲美，"天时、地利、人和"俱全，是国内区位优势最好、人口最多、影响最广的城市群。但离开北京和天津几十公里，就可以随处看见低矮的民房、刚刚解决温饱的农民、贫瘠的土地、不算发达的城镇，和北京、天津现代化的城市风格形成了巨大的反差。珠江三角洲城市群和长江三角洲城市群这方面做得较好，它们的发展和富裕，不仅仅局限于中心城市，而是整个区域群体的和谐发展，它们不仅仅是城市的富裕，而且还包含有乡镇的和农民的富裕。

2. 城乡间人口与要素流动存在障碍

我国在城镇化过程中长期实行城乡隔绝的政策，其核心制度是户籍制度，从制度上限制农村的人口和要素流向城市。例如，对于乡镇企业，最初限制乡镇企业只能从事为农业产前、产后以及农民日常生活服务的行业，并且只能就地取材、就地生产、就地销售，所谓"三就地"。随着乡镇企业的发展，"三就地"中的就地取材和就地销售取消了。但只能就地生产的限制仍然存在。20世纪80年代中后期提出了所谓"离土不离乡"的政策，农民仍然不能离开乡村。20世纪90年代以来，虽然县以下城镇的大门对乡镇企业已经打开，但由于户籍制度的存在，再加上城市保护主义和地方保护主义，乡镇企业实际上仍然难以大规模地向城镇集中。现在，虽然对人口流动的限制大大减少，但户籍制度仍然存在，依然是造成人口要素流动的障碍。同时，城乡社会福利的差异使外来务工者不能够拥有城市居民的同等权益，比如社会保障、医疗保险等，这在一定程度上也限制了人口向城市流动，阻碍了城镇化进程。

3. 地方保护行为依然存在，市场分割严重

目前，城市群发展存在的最大问题还是部门垄断和地方保护。虽然区域间行政区划界限有所淡化，但区域内政府行政关系复杂，给地区之间的协调带来很多掣肘因素。部门利益和地方保护阻碍了经济资源的自由流动和跨地区的经济合作。以融合最快、呼声最高的长江三角洲地区为例，浙、苏、沪三省市地域相连，文化相近，经济相融，人缘相亲，相互间的联系密切，但在自然形成的经济、社会和文化亲善的背后，有许多无形的行政区划线在阻碍着进一步的连接。区域内的土地、水、电、路等基础设施处于相互分割的状态，区域内的城市建设和经济规划缺乏相互间密切联系，区域内文化、科技、教育等软资源也处于割裂状态。

4. 城市群的发展已使东、西部发展不平衡，并且不平衡的程度还在加剧

城市群是东部地区主要的经济增长点，也是我国经济发达的地区，它们凭借良好的地理位置、发展积累的经验、优惠的政策使经济保持持续快速增长。西部地区城市数量少，城市群相应也少，而且城市群的整体发展与东部存在差距。随着经济的进一步发展，势必会造成东、西部城市群在数量、规模、发展程度上的差距越来越大，作为东、西部地区主要经济增长点的城市群的发展差距拉大的结果，必然是东、西部地区经济差距的扩大。

5. 城市群交通体系尚不健全

区域内基础设施规划和建设的良好衔接是从空间上融合城市群的必要保证，但当前一些城市在重大基础设施的规划和建设中各自为政，过多地以自我为中心，其后果是让这些耗资巨大的设施难以发挥应有的作用。目前，除长江三角洲地区一体化的交通格局正初步形成外，其他区域的交通网总体布局存在缺陷，对城际交通线路和网络建设缺乏足够重视，不能充分满足城市客货运输迅速、便利、安全、经济的需求。许多重要城市之间、城市重要交通枢纽之间的联系仍然

不便，大城市之间交通联系方式单一。

6. 城市群只重视经济增长而忽视了经济的可持续发展

所有与城市群和可持续发展有关的论述都认为城市群应走可持续发展的道路。但是，由于长期以来各城市以经济增长为首要目标，缺乏对生态环境进行有效的保护，使经济增长的同时环境日趋恶化，大气污染、水污染、固体废弃物的污染增加，城市绿化面积减少，这些都潜在地威胁着城市居民的生活质量和经济的可持续增长。东部地区城市群还存在着土地资源不足，制约着东部沿海地区城市群的可持续发展的问题。东部沿海地区土地面积有限，人口密度大，是城市群密集地区，也是近年来城镇化水平发展较快的地区。城镇化的加速使城市占用土地面积增加、耕地减少，如何使有效的耕地得到保护而同时城市群继续发展，是城市群在可持续发展中面临的一个重要问题。

城市群的经济增长与可持续发展矛盾的解决，主要依靠各城市的可持续发展和它们之间的经济协调。只有各城市和地区可持续发展才能为整体城市群的发展创造条件。同时，各城市和地区的经济协调是使城市群实现可持续发展的必要条件。

第四节　国内外城市群发展对新疆绿洲城市群发展的借鉴

城镇化进程和城市群发展是市场化的产物，是经济社会进步发展的必然趋势和结果，但是国内外相对成熟的城市群的发展实践证明，政府在城市群培育与发展过程中发挥着重要的作用，特别是在整体统筹发展和内部各城市的联系协调上，在制度与政策、信息、基础设施等一体化方面，政府起着关键的引导与协调作用。内部各个城市间的分工合作、相互协调是城市群发展成熟与否的重要标志，相较于城市间单个项目的合作来说，一个整合与统一的政策平台、一个有利于无障碍流动的环境，可以使城市群内各个城市间的经济行为协调一致，减少区内交易成本，出现更多的经济合作行为，政府在这些方面的作用是无可替代的。

一、注重法律与政策的制定

通过法律的形式规划城市的发展，通过积极的措施复兴衰落的城市和产业，是很多发达国家通行的做法。例如，美国的"锈带"地区的复兴。由于 20 世纪七八十年代工业企业的转移，美国从事钢铁行业的地区遭受了沉重的打击。但美国政府和当地政府采取了包括重视服务业发展在内的措施，实现中西部地区经济结构转型；发展优势集中生产、技术改造、分工细化，并带动周边区域的配套产业发展等一系列措施来应对这种转变，从而实现了区域的持续发展。德国的鲁尔工业区作为德国乃至整个欧洲重要的煤炭和钢铁生产基地，在 20 世纪中后期也遭受了产业衰落的打击，也是通过政府合理的规划引导，如建立大学城、兴建科技园区，建立优美的生存环境和良好的生产条件来吸引企业投资建厂。新疆作为一个市场化程度还相对较低的发展滞后区域，必须要遵循城镇化发展的客观规律，把握城市群发展这一必然趋势和结果，更加注重相关政策和法律的制定，充分发挥政府在城市群培育与发展过程的规划与引导作用。

二、重视首位城市的作用

城市群内各城市都具有相互吸引的作用。但是，从城市群发展的本质来说，核心城市或者首位城市在其中发挥着绝对的核心作用，在城市群范围内，首位城市是整个区域的核心增长极，利用其强大的吸引辐射功能，影响着城市群内的每一个城市。当前世界级六大城市群的发展实践也充分证明了这一点，纽约、东京、伦敦、巴黎等无一不是世界级中心城市，在其所在城市群中具有特殊的重要地位。对于新疆的绿洲城市群来说，也需要重视首位城市的作用，如乌鲁木齐作为新疆天山北坡城市群的首位城市，其实力雄厚、效率高、辐射面广、影响力大、牵动力强，是天山北坡城市群这一国家级城市群当之无愧的核心，但是在城市的职能定位上、在产业分工上、在其对周边城市的引领带动上还有待于进一步提升，还需要真正发挥其首位城市的作用，来推动整个城市群的持续发展。

三、完善市场经济体制

市场经济体制是城镇化乃至城市群形成的基本条件，但中国仍处于由计划经济体制向市场经济体制的转型期，市场经济体制还有待完善。具体地说，就是要进一步增强市场配置生产要素的功能，同时转变政府职能，并消除城市行政级别对要素在城市间配置的束缚。因为，城市的行政级别划分严重阻碍了要素向行政级别低的城市的聚集，束缚了行政级别低的城市的发展。

在社会主义市场经济体制改革过程中，要逐渐地消除行政级别对城市经济发展的束缚，使要素在市场机制的作用下在城乡间、城市间自由流动，在体制方面进行创新，使各个城市获得平等的发展权力。完善市场经济体制就意味着政府要转变其职能，明确市场和政府各自的功能和作用。城市政府在市场配置各种要素资源的基础上，应该通过对经济秩序的有效管理为城市的生存和发展、城市内部各利益主体的公平竞争提供一个良好的环境。在城市发展问题上，政府应该集中力量搞好城市的规划、建设和管理等工作，加强各种公共设施的建设，关注环境的综合治理；进行文教、卫生、社会福利事业等公共事业的运营管理，为农民进城提供各种必需的物质基础与条件。政府要在配置生产要素的功能逐渐减弱后，更加注重增强市场配置生产要素的功能，引导生产要素流向最佳区位。生产要素不能流动或流动受阻以及要素市场价格扭曲，就无法引导要素按照价值规律进行有效率的配置，同时，中、小城市向专业化城市演变也难以实现。另外，培育要素市场，可以提高资源整体配置效率，有利于资本、劳动力、技术和信息等生产要素的空间流动。绿洲城市群培育与发展更加需要政府尊重市场对资源配置的决定性作用，一方面为自身城市的生存和发展创造条件，另一方面也为整个区域城市之间的公平竞争和协作分工提供良好环境。

四、统筹空间规划

制定和实施空间规划是区域协调发展的有效措施，结合国内外城市群产业空间规划的基本经验，城市群产业空间规划应包括空间层次、集聚与扩散格局、产业区布局等内容。科学的产业区布局规划必须对三次产业、基础设施、人口分布等进行综合部署，充分考虑区域市场容量、投资供给与合理的资源开发，确保城市群产业空间发展符合可持续发展的客观规律。

以天山北坡城市群为例，城市群产业空间层次规划应促进宏观、中观、微观尺度的结合研究。宏观尺度上，首先要在全国及中亚背景下看乌鲁木齐、克拉玛依、石河子等城市的产业发展；中观尺度上，必须要将天山北坡城市群产业的发展置于我国沿边开放开发和西部的大开发的背景来统筹安排；微观尺度上，需要从天山北坡本身城镇密集区分析城市群产业空间的形成与发展，分析大、中、小城市产业区的个性、共性及其相互关系。具体在统筹集聚与扩散格局上，乌鲁木齐应加强金融资本、商贸物流、人才技术信息与决策功能的集聚，同时，促进乌鲁木齐的资金、制造业、技术人才以及部分高新技术产业向重点城镇，如石河子、克拉玛依、昌吉、奎屯、吐鲁番、哈密等地扩散，为产业增长中心创新活动带动区域结构升级创造条件。

五、整合要素载体

加强交通、市场、资源、生态等要素载体整合建设，是改善城市群区位条件的有效途径，也是整合城市群产业空间的必要支撑。发达的城市群必须拥有由高速公路、高速铁路、航道、通信干线、运输管道、电力输送网以及给、排水管网体系所构成的完善的区域性基础设施网络，特别是发达的铁路、公路设施将是城市群空间结构最重要的支撑骨架。发达的交通网络，使得各个城市群更容易跳出自己固有的区域范围，面向周边更大区域甚至面向全球，形成巨大的物流、客流、信息流、资金流、技术流，从而促进经济发展，促进城市群的完善与发展。以天山北坡城市群为例，考虑其中心城市和其他各级城市的经济实力，乌昌都市圈地区、奎—克—乌地区已经具备建设区域快速交通体系的条件。应该积极发展以快速客运为主的导向型公共交通体系，以增强城市之间交通联系的通达性和通畅性，促使城镇密集地带呈现以各级紧凑组团为节点，以公共交通线网为发展轴的点轴型城市群产业空间结构，并带动周边地区的发展，进而推动产业空间的整体升级。此外，随着信息化时代的到来，新疆绿洲城市群应大力构建区域创新体系，围绕优势产业，深化科技体制改革，整合和优化科技资源配置，提高企业技术创新能力，发挥高新技术产业开发区技术创新优势，增强高新技术产业开发区在技术创新方面的辐射带动作用，建立以首位城市——乌鲁木齐为中心，枢纽城市为次中心的区域性信息网络系统。在应对"干旱—半干旱区域"的生态环境整治与建设问题时，应当通过协同区域内，尤其是毗邻区域各城市统一行动实现。例如，冰川退缩、湖泊萎缩、河道断流、沙漠化加剧、生物多样性受损等问题，应在加强区域经济合作的统一目标下，加大对生态建设与环境保护的支持力度，才能彻底改善区域内城市带产业布局的生态基础。

六、协调区域管治

政府协商、对话、制定共同行动准则，是加强城市间协作和互补、及时处理跨地区问题、推动建立大市场、形成城市群产业空间分工体系的必备要素。利益分配问题是城市群产业空间协调发展的核心问题，应以市场手段为主、行政手段为辅，建立政府层面的协调机制，如建立区域经济合作与发展委员会、市长联席会议制度、职能部门联席会议制度等，突破行政区划的束缚，以区域共同发展为目标、运用经济、法律和行政等宏观调控手段，构建城市群产业空间一体化发展格局。此外，还要注重民间企业之间协调机构的建设，开展技术协作、协商，制定生产标准，交流信息，避免恶性竞争等。当然，协同不只是城市群内部各个城市政府的事情，还应当是区域内包括企业和所有利益相关者在内的公众群体的事情。

第四章　新疆绿洲城市群的内涵与特征

第一节　绿洲城市概念的来源

一、绿洲

众所周知，新疆的经济是典型的绿洲经济，城市也是典型的绿洲城市，研究绿洲城市群，必须要认识何为绿洲、何为绿洲城市。

在不同工具书中对绿洲的解释略有差异，《中文大词典》中解释绿洲为"草本繁茂，色呈绿色之洲"，又指"沙漠中的水草处"；《辞海》称绿洲为"荒漠中的沃土，终年水源不断"；《地理学辞典》称绿洲为"沃洲"，指"荒漠中水源丰富可供灌溉且土壤肥沃的地方"；《环境科学大辞典》中的绿洲则是指"荒漠中水源丰富，土壤肥沃，草木繁盛的地方"。现代地理学相关研究中认为，绿洲是干旱区荒漠环境下依赖稳定水源补给（主要是指非天然降水）而形成的可供中生植物繁茂生长或人类聚集繁衍的非地带性生态景观，是在光、热、水、土资源相互协调的地方形成的。

随着生产力的发展，人类活动的范围越来越大，通过对天然绿洲或者戈壁、沙漠、沼泽、荒滩等土地投入活劳动和物化劳动进行人工开发、治理，在扩大天然绿洲的同时，还创造出很多的人工绿洲。但无论天然绿洲还是人工绿洲，都是干旱地区人类活动最直接、最集中的地带，都是绿洲文明形成和发展的地域依托和载体，都是干旱地区生态系统的核心，都具有以下共同特点：一是对水的绝对依赖，即唯水性，因为在干旱区单纯依靠大气降水无法满足生物繁衍需要，所以除个别山间盆地外，大部分绿洲都需要有稳定的地表径流和地下水来保证生物最基本的需求，水源决定了绿洲的分布和大小；二是呈点状或带状分布，即封闭性，由于绿洲的分布是由水源决定的，在干旱地区稳定的水源有限，其所能影响的区域面积又比较有限且相互之间联系较少，因此，导致所有绿洲呈点状或带状分布，呈现出相对封闭的环境特征；三是内部生态系统不够稳定，即脆弱性，因为绿洲的发展既要受水源补给状况变化的制约，又要受外部荒漠环境变化的影响，还要受人为活动因素的作用和干扰，因此虽然绿洲是干旱区生物多样性最丰富的区域，但其生态系统相对来说，还是非常脆弱和易受干扰的。

新疆作为西北内陆的干旱省区，是我国绿洲分布最广、面积最大的省区，天山南北麓、昆仑山—阿尔金山北麓、伊犁谷地和额尔齐斯河流域是绿洲分布最集中、密集的区域，新疆所有的城镇也都星罗棋布于这些大大小小的绿洲上，形成了独具特色的绿洲城市，支撑着新疆经济社会的发展。

二、绿洲城市

"绿洲城市"是指在干旱区以绿洲为依托，在绿洲中形成和发展的一类城市，它是绿洲中人类社会经济集聚的产物，也是干旱区受人类影响最深刻的地域，其对地域的影响远远超过它所占据的空间范围。因此，绿洲城市往往是所属绿洲的政治、经济、交通、文化中心，对区域经济、社会发展发挥着重要的影响作用。

当然，绿洲生态系统的特点决定了绿洲水土资源的独特性，并在相当程度上影响了绿洲城市的形成与发展，使得绿洲城市表现出以下与其他类型城市明显的不同：

第一，绿洲城市呈现出大分散、小集聚分布特点。绿洲的分散性决定了城镇的分散性，城镇零散地镶嵌在干旱区之中，但是由于绿洲系统的不稳定性，在自然和人文双重因素作用下，绿洲城市宏观格局也不断发生变化。在原始绿洲阶段居民点规模较小、相距较远且封闭性强，零散分布在沙漠边缘；随着绿洲农业的发展和人口的增加，绿洲面积不断扩大，中心城镇开始出现规模不等的城镇连接成带状或串珠状，具备了一定的城市体系层次性和低级有序性；随着现代科技水平提高绿洲连片开发交通运输条件不断改善，工业体系逐步建立和商贸的日益繁荣，绿洲城市的开放度进一步提高，相互作用更密切，城镇分布格局向多方位、多层次、网络化方向发展。

第二，绿洲城市多沿流域集聚分布。河流是现代绿洲和绿洲城市形成与发育的基础，在同一河川流域内绿洲往往连片发育，在绿洲上的城市布局自然就呈现沿流域集聚的特点，河流的走向和分布直接决定了绿洲城市的分布。

第三，绿洲城市多依托于交通干线。由于绿洲具有封闭性的特点，因此，绿洲城市也较其他城市表现出明显的封闭性，城市的对外交流主要依靠交通干线。

为获得便利的流通环境，绿洲城市集聚在交通线两侧，而且绿洲城市的兴衰也往往决定于交通线路的变更。

第四，绿洲城市结构体系较为特殊。绿洲型城市体系是在特定的绿洲荒漠条件下受制于自然条件和资源社会经济条件的综合影响而形成的等级各异、职能不同的有机群体，由于绿洲被沙漠所阻隔，无法形成相对连续的人类活动空间，导致同一片绿洲上的城镇之间的内生性联系密切，而与外部其他绿洲上城镇的外向性联系弱，城镇的吸引辐射腹地常局限在同一片绿洲上。位于不同绿洲的城市之间横向经济联系较弱而行政性联系较强，地区的行政中心往往成为区域的集聚扩散中心，所以绿洲城市体系等级规模结构的一个显著特点，就是首位性突出，大城市首位度高，中等城市数量少，小城市基数大。

第二节 新疆绿洲城市群的界定与划分

一、绿洲城市群的内涵

绿洲城市群，顾名思义就是位于绿洲之上以中心城市为核心向周围辐射构成的多个城市所组成的集合体。绿洲城市群既具有绿洲的分散性、唯水性、封闭性和脆弱性，又具有城市群的开放性、动态性、不平衡性等特点，是多种矛盾的综合体。所以说，现代城市群发展的开放性与绿洲城市的封闭性、绿洲城市的分散性与城市群发展的相对集中性以及绿洲环境脆弱承载能力不足与城市群经济高效集约要求之间的矛盾决定了绿洲城市群的特殊内涵：

第一，绿洲城市群依托绿洲分布，是不同绿洲内部或绿洲之间各个城市及市镇的集合体，城镇的分布相对分散甚至非常分散，呈带状或条状分布，相互之间的联系主要依靠交通干线和现代化信息通信工具实现，在人员往来和经济融合上无法像一般意义上的城市群一样实现非常紧密的联系。

第二，绿洲城市群是绿洲经济发展的必然选择，绿洲经济的特性决定了绿洲经济具有自给自足的一般特性，但在社会化分工更加精细、区域经济发展更趋一体化的大背景下，完全依靠自给自足，不但在发展成本上不具经济性，也无法实现区域经济社会的长期可持续发展。特别是对绿洲城市来说，受城市规模、城市功能以及城市资源环境承载能力的限制，单独一座城市将无法承担带动所在整个绿洲经济社会发展的全部任务。因此，在新的发展背景下，绿洲内部或绿洲之间，必须要依据不同城市的特点和优势，走分工、协作、互利、共赢的合作融合发展之路。所以，培育发展绿洲城市群，将是在绿洲经济区实现城市集约高效，发挥城市集聚辐射作用的最佳途径。

第三，绿洲城市群内部各城市相互之间的各种经济联系存在先天不足，而且分布的空间范围和时间距离也远远超过一般意义的城市群。因此，绿洲城市群需要更加充分地发挥现代技术优势，特别是要利用现代信息技术实现城市间便捷的信息沟通，同时，绿洲城市群更加需要现代化的快速交通系统来打破地域空间距离对城市联系的限制，促进各种生产要素的便捷流动和高效利用。

二、新疆绿洲城市群的划分

从新疆绿洲城市发展现状出发，从新疆新型城镇化发展建设的实际需求出发，新疆绿洲城市群按照培育与发展的程度，可大致分为以下四个：

1. 天山北坡城市群

天山北坡城市群是国家确定打造的九大区域性城市群（国家二级城市群）之一，也是目前新疆城镇化、工业化水平最高，城市群发展最具基础和规模的地区，也是天山北坡经济带的核心区。该城市群以乌鲁木齐为中心，包括周边的昌吉、石河子、呼图壁、玛纳斯、五家渠、阜康，同时，向西延伸扩展至克拉玛依市、奎屯市、乌苏市、沙湾县，向东涵盖吉木萨尔县、奇台县，向南辐射吐鲁番市、托克逊县、鄯善，还包括区域内的所属的生产建设兵团第六师、第七师和第八师的相关城镇。

2. 伊犁河谷城市群

伊犁河谷城市群是以伊宁市和霍尔果斯经济开发区为核心，包括伊宁县、霍城县、察布查尔县、尼勒克县、新源县、巩留县、昭苏县、特克斯县以及区域内的生产建设兵团城镇。在新疆干旱—半干旱大生态环境背景下，将被称为"塞外江南"的伊犁河谷区域内的城市单独划分为一个独立城市群，主要是因为河谷区域特殊的地理、生态以及产业基础等都相对特殊，特别是河谷内外城市在经济等各方面的联系相对较弱，使得整个河谷地区相对独立。此外，河谷内的各个城镇又同属于伊犁州直接管辖，有助于区域内实现城镇的明确职能定位和分工协作。

3. 大喀什城市群

大喀什城市群是新疆城镇化发展水平最低、培育发展城市群基础最为薄弱的区域之一，特别是资源禀赋和环境承载能力是本区域城镇发展最大的制约瓶颈，但同时，本区域人口相对集中、城镇分布密集，又使得本区域成为新疆最具城市群培育发展潜力的区域之一。城市群以喀什市和莎车县为中心，包括阿图什市、叶城县、岳普湖县、塔什库尔干县、乌恰县、伽师县、疏勒县、麦盖提县、泽普县、阿克陶县、疏附县、英吉沙县、巴楚县以及图木舒克市和生产建设兵团其他城镇在内广大区域。鉴于本区域在新疆社会稳定和经济发展中的重要地位，无论是从突破区域城镇化发展的瓶颈制约，还是拓展区域未来城市发展的潜力空间来说，大喀什城市群都将是未来新疆重点培育发展绿洲城市群之一。

4. 天山南坡城市群

天山南坡城市群是以库尔勒和阿克苏为中心，包括天山南坡一线的焉耆、尉犁、和静、博湖、和硕、轮台、库车、新和、拜城、沙雅、温宿、阿瓦提、乌什县、柯坪县以及阿拉尔市、铁门关市和生产建设兵团所属的各城镇。本区域城镇较为分散，大体沿南疆铁路和国道 314 线呈典型的线状分布，人口总量不大。但本区域作为新疆未来新型工业化发展的重点区域和新型城镇化建设的关键区域，在新疆经济社会发展中具有重要的作用和地位，而且区域内各城市的发展基础相对较好，库尔勒、阿克苏以及库车等中心城市的集聚辐射作用正在快速增加，走城市群发展的模式，在区域城镇间搭建更加便捷的交通、信息通道平台，实现城市间的良好分工、协作，将是促进区域健康、有序持续发展的重要路径。

第三节　新疆绿洲城市群的主要特征

一、新疆绿洲城市群的地域结构特征

从绿洲城市的特点和绿洲城市群的基本内涵可以看出，绿洲城市群是城市群概念的一种丰富和延伸，它是干旱区绿洲经济城镇化发展的一种高级表现形态。绿洲城市群在城市等级、城市规模、城市数量、城市人口以及城市经济实力等方面与国际公认的城市群甚至是我国东部发展较成熟的城市群相比，都有着明显的区别，主要特征包括以下几个方面：

1. 绿洲城市群内所含城市数量少，且城市规模一般较小

以发育程度最高的天山北坡城市群为例，虽然区域面积与京津冀城市群和长江三角洲城市群较为接近，但京津冀城市群和长江三角洲城市群的城市数量和城市规模远远超过天山北坡城市群。京津冀城市群中，北京、天津等城市是人口超过 500 万的超大城市，而且作为直辖市，北京、天津配置资源的能力也远远超过一般的城市；长江三角洲城市群城市分布密集且数量更多，20 多个城市中人口超过 500 万的超大城市和超过 100 万人的特大城市将近一半，整体的城市布局体系结构更加合理。与此相比，天山北坡城市群目前即使含县城在内，也仅有 16 个城市，且其中只有乌鲁木齐是人口超过 300 万的特大城市，其余城市中仅石河

子人口超过了 50 万。

2. 绿洲城市群内间距大，多沿河流或交通线呈带状分布

东部城市群多分布在广阔平坦的平原地区，在经济集聚点上可较自由地形成城市而不受自然条件限制，城市群内城市多为均匀分布。但绿洲城市群所依托的绿洲环境则与之有明显差异，绿洲多分布于地形比较开阔、平坦且有一定倾斜的区域，如河漫滩、山前冲洪积扇中下部等，绿洲分布相对分散且相对分割，加之水资源影响，承载力有限，城市在人口规模和用地规模上受到绿洲地域范围的严格限制。形成于绿洲上的绿洲城市群内各城市距离较远，且城市的分布与绿洲分布密切相关，分布零散不均。所以绿洲城市群并不是以中心城市或首位城市为核心的均匀圈层，而是在区域内沿着河流或交通干线呈带状分布的格局形态。天山北坡城市群、天山南坡城市群以及大喀什城市群等基本都是如此。

3. 绿洲城市群所在区域的特殊性及绿洲经济的相对集中性并存

新疆绿洲多为戈壁、荒漠所包围，与周围荒漠系统和山地系统间各种物质、能量、信息的交流微弱，绿洲系统内相对封闭且环境脆弱。这种特殊的区域条件一方面使区域经济发展受到限制，整体水平落后，城市群的区域基础实力弱；另一方面突出了绿洲城市群经济的相对集中性，经济基本上存在于绿洲之上，使得城市群可利用绿洲相对稠密的人力、物力资源，在狭小的绿洲之上，创造出较一般城市更高的产值，充分体现出绿洲经济的高度集中性与高效。总之，绿洲城市群所依托绿洲的环境脆弱性、唯水性，使得绿洲生存的条件严酷。面积有限，承载力不足等现实，也决定了绿洲城市群在规模、城市数量、分布及经济特征等方面肯定不能等同于国内外一般意义上的城市群，必须要体现在绿洲经济区域内走城市群发展模式的特征。

二、新疆绿洲城市群的经济发展特征

在经济发展过程中，除了绿洲地域特征外，新疆绿洲城市群与内地较为成熟的城市群相比，甚至是与新疆城镇化发展的一般特点相比，也有着明显区别。

1. 高密度集聚形成了强大的吸管效应

改革开放以来，随着工业化和城镇化进程的不断加快，大量的农村剩余劳动力和各种产业开始越来越多地向中心城市集聚，这种空前集聚的结果，使得以天山北坡城市群为首的城市集聚区成为了新疆高密度人口密集区、高密度经济集聚区和高密度城镇集聚区。

据不完全统计，2012 年上述四个绿洲城市群以占全疆 42.07% 的面积，集中了全疆 79.56% 的总人口、82.91% 的城镇人口、70.51% 的城镇数、76.82% 的固定资产投资、81.99% 的社会消费品零售总额、90.81% 的经济总量、99.98% 的

工业生产总值、74.09%的第一产业生产总值、96.43%的第二产业生产总值、91.74%的第三产业生产总值。进一步采用人口密度、城镇密度和经济密度三个指标分析各个城市群高密度集聚效应发现，2012年，全疆城市群平均人口密度为25.37人/平方千米，是全疆平均人口密度的1.89倍；城市群平均经济密度高达97.32万元/平方千米，比自治区平均经济密度高52.24万元/平方千米；城市群平均城镇密度为11.27个/万平方千米，比全疆平均城镇密度高4.54个/万平方千米，是全疆平均城镇密度的1.68倍。在各个城市群中，尤其以天山北坡城市群的高密度集聚强度为最大集聚强度，其经济密度、人口密度和城镇密度分别是全疆平均值的5.44倍、2.42倍和2.20倍。

人口规模是一个城市群发展的重要支撑条件，从各个城市群2012年的人口规模及人口密度进行比较，按照人口由多到少依次为天山北坡城市群（626.21万人）、大喀什城市群（482.89万人）、天山南坡城市群（386.07万人）和伊犁河谷城市群（281.28万人）。按照人口密度从高到低依次为伊犁河谷城市群（50.89人/平方千米）、天山北坡城市群（34.75人/平方千米）、大喀什城市群（24.24人/平方千米）和天山南坡城市群（14.53人/平方千米）。

经济密度是反映城市群单位土地面积经济产出效率的重要指标，经济密度越大，城市群土地产出效益越大，土地利用越集约，越利于城市群的可持续发展。从各个城市群的经济密度分析，2012年，按照经济密度由高至低依次为天山北坡城市群（245.16万元/平方千米）、伊犁河谷城市群（86.57万元/平方千米）、天山南坡城市群（50.71万元/平方千米）和大喀什城市群（28.73万元/平方千米）。天山北坡城市群的经济密度是大喀什城市群的8.53倍，差异十分显著。

城镇密度是反映城市群人口与产业和各种生产要素集聚效率的重要指标，城镇密度越大，城市群集聚与扩散效应越大，城市群越紧凑，越利于城市群的可持续发展。从各个城市群城镇密度分析，2012年，按照城市群城镇密度由高至低依次为伊犁河谷城市群（20.44个/万平方千米）、天山北坡城市群（14.82个/万平方千米）、大喀什城市群（11.14个/万平方千米）和天山南坡城市群（7.04个/万平方千米）。最大值为最小值的2.90倍，差异显著。

新疆高密度城市群集聚的经济效应及差异（2012年）详见表4-1。

表4-1　新疆高密度城市群集聚的经济效应及差异（2012年）

指标 ＼ 地区	天山北坡城市群	伊犁河谷城市群	天山南坡城市群	大喀什城市群	全疆
土地面积（万平方千米）	18.02	5.53	26.57	19.92	166.49
占自治区土地面积比例（%）	10.82	3.32	15.96	11.97	100.00

续表

指标\地区	天山北坡城市群	伊犁河谷城市群	天山南坡城市群	大喀什城市群	全疆
总人口（万人）	626.21	281.28	386.07	482.89	2232.78
占全疆总人口比例（%）	28.05	12.63	17.30	21.63	100.00
经济密度（万元/平方千米）	245.16	86.57	50.71	28.73	45.08
与自治区经济密度比值	5.44	1.92	1.12	0.64	1.00
人口密度（人/平方千米）	34.75	50.89	14.53	24.24	13.41
与全疆人口密度比值	2.59	3.79	1.08	1.81	1.00
城镇密度（个/万平方千米）	14.82	20.44	7.04	11.14	6.72
与全疆城镇密度比值	2.21	3.04	1.05	1.66	1.00

2. 新疆经济快速持续发展的强大引擎

新疆正在经历一个跨越式大发展时期，支撑经济长期快速增长的最大贡献者就是以天山北坡城市群为主的绿洲城市群。绿洲城市群作为支撑自治区经济增长的重要引擎，在确保自治区经济连续多年又好又快增长的同时，为新疆经济的跨越式发展做出了重要贡献（见表4-2）。

表4-2 2005年和2012年绿洲城市群高速度成长情况统计

时间	指标	天山北坡城市群	伊犁河谷城市群	天山南坡城市群	大喀什城市群	四个城市群平均	全疆
2005年	地区生产总值（亿元）	1505.21	142.76	465.78	151.93	566.42	2604
	工业生产总值（亿元）	681.91	28.84	206.97	12.07	232.45	962
	城镇固定资产投资（亿元）	475.79	53.57	213.16	65.08	201.90	1121.56
	社会消费品零售总额（亿元）	329.6	39.35	68.17	34.58	117.93	637.78
2012年	地区生产总值（亿元）	4417.47	478.5	1347.28	572.24	1703.87	7505.31
	工业生产总值（亿元）	2041.04	103.37	614.28	90.84	712.38	2850.06
	城镇固定资产投资（亿元）	2181.58	341.02	773.62	535.12	957.84	4987.71
	社会消费品零售总额（亿元）	1073.36	117.71	162.68	121.33	368.77	1798.99
年均增长速度	地区生产总值（%）	16.62	18.86	16.38	20.86	17.04	16.33
	工业生产总值（%）	16.95	20	16.81	33.42	17.35	16.78
	城镇固定资产投资（%）	24.3	30.27	20.22	35.12	24.91	23.76
	社会消费品零售总额（%）	18.37	16.94	13.23	19.64	17.69	15.97

（1）保持了经济总量高速增长。2005～2012年，四个绿洲城市群的GDP由2265.67亿元增长到了6815.48亿元，年均增长速度为17.04%（按照当年价格计算，下同）。其中，天山北坡城市群比同期自治区GDP增长速度快0.29个百分点，伊犁河谷城市群比同期自治区GDP增长速度快2.53个百分点，天山南坡城市群比同期自治区GDP增长速度快0.05个百分点，大喀什城市群比同期自治区GDP增长速度快4.53个百分点。

（2）保持了城镇固定资产投资高速增长。2005～2012年，绿洲城市群的城镇固定资产投资由807.61亿元增加到了3831.34亿元，年均增长速度达到了24.91%，高于全疆平均水平。其中，伊犁河谷城市群（30.27%）和大喀什城市群（35.12%）的城镇固定资产投资年均增长速度均超过了30%，显示出了比较强劲的投资势头。

（3）保持了社会消费品零售总额高速增长。2005～2012年，绿洲城市群的社会消费品零售总额由471.69亿元增长到了1475.07亿元，年均增长速度为17.69%。除天山南坡城市群外，其余各城市群的社会消费品零售总额增长速度均高于全疆平均水平，特别是天山北坡城市群和大喀什城市群分别高出全疆平均水平2.40个和3.67个百分点。

三、新疆绿洲城市群的体系发展特征

新疆绿洲城市群结构体系是由不同发育程度、不同等级、不同空间结构的城市群通过各种"城市流"有机耦合而成的。未来新疆绿洲城市群结构体系是以不同等级的交通网络与生态网络为基本构架，以促进城市群内部及城市群之间的协调统筹发展为目标，形成具有集聚力与辐射力的一个有机体系。新疆绿洲城市群是新疆未来绿洲经济发展格局中最具活力与潜力的核心区域，也是区域发展问题高度集中的地区。由上文分析可知，新疆绿洲城市群结构体系是由四个规模等级不同、发育程度不一的城市群组成（见表4-3）。新疆绿洲城市群结构体系发展具有以下特征。

1. 绿洲城市群总体发育程度较低且差异较大

从国内外城市群演化发展的一般历程可知，城市群的形成和发育可以分为初步（雏形）阶段、快速发展阶段、成熟阶段、鼎盛阶段。对比国内外城市群发展阶段可以发现，受新疆城镇化发展水平整体滞后的影响，新疆各个绿洲城市群总体发育程度低下。从发展阶段来分，天山北坡城市群属于快速发展阶段，而天山南坡城市群、大喀什城市群与伊犁河谷城市群基本处于初步（雏形）阶段，是未来绿洲城市群结构体系中的重点培育对象。

表4-3　2012年新疆城市群结构体系空间格局现状

区域	城市群名称	城市群范围	城市数（含县城）	城市群核心城市
北疆	天山北坡城市群	乌鲁木齐市、克拉玛依市、奎屯市、乌苏市、石河子市、五家渠市、沙湾县、玛纳斯县、昌吉市、阜康市、呼图壁县、吉木萨尔县、奇台县、吐鲁番市、托克逊县、鄯善县	16	乌鲁木齐市、克拉玛依市、石河子市
北疆	伊犁河谷城市群	伊宁市、霍尔果斯市、伊宁县、霍城县、察布查尔县、尼勒克县、新源县、巩留县、昭苏县、特克斯县	10	伊宁市
南疆	天山南坡城市群	库尔勒市、焉耆县、尉犁县、和静县、博湖县、和硕县、轮台县、库车县、新和县、拜城县、沙雅县、阿克苏市、温宿县、阿瓦提县、阿拉尔市、乌什县、柯坪县	17	库尔勒市、库车、阿克苏市
南疆	大喀什城市群	喀什市、莎车县、阿图什市、叶城县、岳普湖县、塔什库尔干县、乌恰县、伽师县、疏勒县、麦盖提县、泽普县、阿克陶县、疏附县、英吉沙县、巴楚县、图木舒克市	16	喀什市

2. 两圈两带的结构体系

由于新疆城镇的发育依托绿洲，因此新疆城镇的分布与绿洲格局表现出高度的一致性。绿洲城镇空间分布形态呈现出典型的串珠状，当然在天然地理环境和各种"城市流"的综合作用下，新疆的四个绿洲城市群形态仍然各有不同。天山北坡与天山南坡沿交通干线，形成的是两条带状城市群；伊犁河谷与大喀什城市群是在交通干线和河流走向的综合作用下，形成圈层状的城市群（见图4-1）。

3. 绿洲城市群结构体系的空间发育表现出一定的规律

新疆的绿洲城市群空间发育进程与区域经济发展水平保持着相对的一致性，如处于快速发展阶段的天山北坡城市群就最先形成、发展于新疆经济发展速度最快、发展质量最高的区域。随着天山北坡区域经济的快速发展和基础设施的显著改善，对区域空间格局产生重要的影响，使得天山北坡城市群成为新疆对外开放程度最高和经济发展水平最高的区域。南疆三地州区域经济发展相对滞后，城镇化、工业化也处于相对较低水平，因此，城市群发展仍处于刚刚起步的雏形阶段，是未来培育、发展的重点。

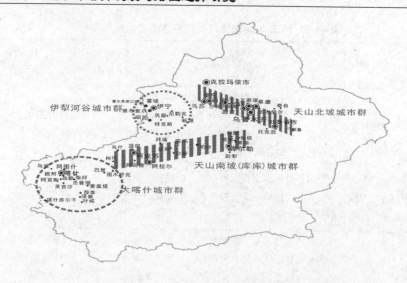

图4-1 新疆绿洲城市群分布

4. 绿洲城市群经济水平与人口数量呈现出空间不均衡特征

四个城市群不但在培育、发展进程上有着明显的差异，而且在经济水平与人口数量上也存在着显著的空间不均衡性（见表4-4）。从 GDP 总量和人均 GDP 来说，天山北坡城市群远远领先于天山南坡城市群、伊犁河谷城市群与大喀什城市群。其中，人均 GDP 最高的天山北坡城市群为 4.55 万元，最低的大喀什城市群仅为 0.82 万元，两者相差 5 倍多。同时，绿洲城市群的人口总量也相差较大，天山北坡城市群总人口达到了 698.55 万人，大喀什城市群为 463.59 万人，天山南坡城市群为 373.40 万人，最少的伊犁河谷城市群目前只有 247.05 万人。除大喀什城市群外，绿洲城市群的人口数量与经济水平呈现出空间一致性，即经济水平的高低与城市群人口数量成正相关。

表4-4 2012 年新疆城市群结构体系经济水平与人口总量

城市群名称	GDP（亿元）	总人数（万人）	人均 GDP（元）
天山北坡城市群	3175. 19	698. 55	45453. 91
伊犁河谷城市群	335. 88	247. 05	13595. 67
天山南坡城市群	1003. 02	373. 40	26862. 08
大喀什城市群	380. 56	463. 59	8208. 99
全疆	5437. 47	2170. 04	25057. 00

第四节 新疆绿洲城市群培育与发展的基础和条件

一、"丝绸之路经济带"战略核心区建设的要求

在 21 世纪的前 20 年，是新疆经济社会快速发展的重要战略机遇期，从国际来看，新疆周边国家局势趋缓，中亚一体化逐步得到广泛认同，为中亚地区的发展提供相对稳定的国际环境，有利于新疆凭借独特的地缘优势进一步扩大对外开放。特别是 2013 年 9 月 7 日，习近平主席在哈萨克斯坦纳扎尔巴耶夫大学发表演讲时，提出了共同建设"丝绸之路经济带"的伟大战略构想，强调通过加强"五通"，即政策沟通、道路联通、贸易畅通、货币流通、民心相通，以点带面，从线到片，逐步形成从中国、中亚到西亚及欧洲的区域大合作。这一战略构想一经提出，就受到相关国家的广泛关注，纷纷表达了参与的热情，为下一步新疆更加全面深入地扩大开放创造了良好的外部环境。从国内来看，新疆作为"古丝绸之路"的必经之地，是现代"丝绸之路经济带"南、中、北通道的汇聚之地，也是当前国家推进"丝绸之路经济带"战略实施的核心区。依托区内"丝绸之路经济带"北、中、南三大通道建设，加快发展北通道沿线有潜力、有基础的重点城市和关键节点城镇，有效提高产业支撑能力、基础设施建设水平和公共服务保障能力，充分发挥区域中心城市和特色城镇辐射带动作用。按照两个可持续发展要求，通过规划定位城市功能、产业分工，加强城市间经济交流和联系，探索城镇组群或区域性城市圈集约发展模式，实现城镇化与对外开放相互促进和互为支撑已经成为新疆参与"丝绸之路经济带"建设，打造"丝绸之路经济带"核心区的必然选择。

二、新一轮西部大开发和对口援疆的助推

历年来，中共中央、国务院高度重视新疆工作，相继制定、出台并实施了一系列特殊政策和扶持措施，特别是西部大开发和新一轮对口援疆战略的实施，有力地促进了新疆经济快速发展。中央通过两次中央新疆工作座谈会议，对维护新疆社会稳定和长治久安做出了重大战略部署，全国 19 个省市对口支援新疆 12 个地（州）市和生产建设兵团 12 个师，援建资金、项目、人才、技术、管理等方面不断加大力度，为新疆在新的形势下进行大建设、大开放、大发展奠定了坚实的基础，也为新疆新型城镇化建设和绿洲城市群的培育发展提供了有利的宏观环

境和强大的政策保障。

三、中心城市的集聚辐射作用不断增强

天山北坡城市群、伊犁河谷城市群、天山南坡城市群和大喀什城市群分别以乌鲁木齐、伊宁、库尔勒和喀什担当城市群中心城市。以天山北坡城市群为例，其中心城市乌鲁木齐作为自治区首府，不仅是天山北坡城市群中规模最大、人口最多、经济实力最强的城市，也是整个新疆工业化进程最快、城镇化水平最高、交通区位优势最突出的城市之一。近年来，随着天山北坡经济带正式上升为国家重点战略区，乌鲁木齐的经济社会发展速度进一步加快。2013 年，乌鲁木齐经济总量达到 2202.9 亿元，人均 GDP 突破 1 万美元，整体经济实力显著增强，集聚效应不断显现，对新疆经济社会发展的带动作用不断增强，这都为乌鲁木齐引领、带动天山北坡城市群奠定了基础，也为中心城市更好地发挥示范和带动作用创造了条件。对其他三个城市群来说，中心城市的集聚辐射作用和引领、带动功能也在逐步增强，库尔勒、伊宁、喀什等中心城市的城市建设水平、城市综合实力都在不断提升，区域性次级交通枢纽和商贸物流中心逐步形成中心城市功能日益凸显，有利于城市群的培育与发展。

四、区位交通优势独特

新疆地处亚欧大陆中心，边境线长、毗邻国家多，是我国向西开放的重要门户，与周边国家经济、文化联系密切，在整个中亚地区具有十分重要的地位，新疆既可接受多方辐射，又有着广阔的发展腹地。区内拥有 17 个国家一类陆路开放口岸和 2 个航空口岸，"丝绸之路经济带"北、中、南三条通道汇聚于此，全境通过，目前已初步形成了由铁路、公路、航空和管道等多种运输方式相互补充的立体化交通网络。新亚欧大陆桥横贯东西，是东联内地、西通亚欧最便捷的区域。未来，随着"丝绸之路经济带"战略的深入推进，中国新疆与周边国家基础设施互联互通建设的顺利开展，新疆的交通区位优势更加明显，将会成为我国乃至整个中亚地区连通东西、沟通南北的重要枢纽。届时，天山北坡城市群、伊犁河谷城市群、天山南坡城市群和大喀什城市群作为"丝绸之路经济带"建设的重要战略支点，将成为新疆乃至中国向西开放的重要支撑和载体。特殊的区位交通优势，为促进城市群内不同城市功能定位和合理分工提供了可能，也是未来城市群培育与发展最重要的基础和支撑。对进一步提高开放开发水平，促进城市群培育与发展具有关键作用。

五、国际、国内产业梯度转移

随着国际产业分工调整和我国东部沿海地区产业结构优化升级，一些劳动密

集型产业在原来产业集聚区的成本优势已经逐渐丧失，取而代之的是中、西部地区更具竞争力的营商成本，这些都将促进部分产业和资本向着更具有比较优势的西部地区转移。新疆地处西部边陲，是我国对外开放的重要门户和桥头堡，交通条件得天独厚，是利用两种资源、两个市场的最佳区域，具有承接东、中部地区乃至国际产业梯度转移的平台优势，可率先接受国际和东部地区资金、技术辐射和产业转移，这些都为新疆绿洲城市群的培育与发展创造了条件和可能。此外，在国家的大力支持下，新疆农业生产的现代化水平一直处于相对较高水平，而且随着产业发展的不断提速升级，目前已形成金属制品、石油化工、煤电煤化工机械装备制造、特色农产品加工、新型建材以及旅游、金融服务、商贸物流（乌鲁木齐）等一批具有较大规模和较强竞争力的优势产业核心区，为进一步延伸产业链、壮大产业集群和培育、发展城市群奠定了坚实基础。

六、文化底蕴深厚

新疆自古以来就是东西方多元文化的交汇点，经过长期的相融共生发展，形成了独特的地域文化和民族文化。境内的维吾尔族、哈萨克族、柯尔克孜族、塔吉克族、俄罗斯族等少数民族都是跨界而居，各民族地缘相近、语言相通、风俗相近，长期保持着密切的联系，经济互补性强，传统友谊源远流长，各民族相互交融，培育和发展了特有的文化意识和创造力，具有开展区域间经济合作得天独厚的人文优势。四个城市群所在区域又是新疆境内多元文化的交融、交汇中心，相互影响、融合发展，拥有大量的珍贵历史文化遗产和丰富的人文自然资源，使得四个城市群在文化底蕴上有着突出的竞争优势，这种优势有利于城市群区域进一步整合文化资源，打响文化品牌，利用悠久历史和民族风情积淀的文化底蕴，为城市群的培育与发展提供坚实的精神支柱。

七、融合发展氛围浓厚

城市作为发展的核心，已经逐步突破过去"点"的概念，演变成为城市群、城市带。目前，新疆绿洲城市群周边各市距离核心城市大都在200公里以内，地理位置相接、人脉文化相通、经济联系密切，构成典型的环状或带状城市群经济圈。各城市在发展过程中也逐步认识到融合合作的必要性，正逐步顺应世界发展趋势，深化城市间合作，都把融入区域一体化发展作为在新起点上实现新跨越的重要机遇，主动融入，借力提高，共赢发展，向全方位、宽领域、深层次的融合发展阶段迈进。城市、企业、社会民间各层面的合作机制不断完善，产业协作、要素流动、经济文化交流等持续扩大，消费、旅游、运输等统一市场建设加快，区域一体化的广度和深度日益拓展，积极参与城市群建设，不断加强硬件对接，加强民生对接，加快节点融入，在区域合作发展中取得了一些成效。

第五节　新疆绿洲城市群培育与发展存在的问题

一、城市发展缺乏准确定位，分工合作不明

城市群作为有机联系的城市群体，其城市发展应该是既有竞争又有分工合作的格局。建设城市群，核心是推进经济一体化，关键是促进分工合作。近年来，新疆城市群区域内各城市在积极发展对外合作的同时也在寻求更有效的对内合作，但是，长期以来区域内城市常常受行政区划和地方政策差异影响，区域内劳动力、资金、土地、产权尚未形成统一市场，地方政府更多的是从本位主义出发、从当地发展的主观需要出发来考虑自己的区域地位，在很大程度上忽略了区域内城市之间的分工合作和协调发展，政府在城市职能分工上缺少统筹规划，城市之间在发展规划上缺乏整体观念，没有进行战略上的协调与分工。同时，各个城市各自为政，部分城市没有准确认识自己在区域发展中的地位和作用，城市发展目标相似，缺乏特色，不同规模等级的城镇之间纵向分工不明显，致使地区产业发展自成体系，相似度高、互补性差，结果导致整个区域资源使用浪费和发展水平落后，这在一定程度上制约了城市群整体的进一步发展。

二、产业结构趋同，重复建设问题严重

国内外城市群发展的实践证明，城市群产业分工是社会分工的空间形式，当地区间要素禀赋不同时，建立相似的产业结构并不会带来相似的经济增长和经济效益。在城市群区域内，较强的产业同构现象使城市群区域内有限的资源和生产要素处于非优化配置状态，难以形成区域比较优势，不利于区域分工和专业化的进一步发展，容易带来地方保护主义，造成市场分割和区域性封闭，生产要素和商品流通受到很大限制，削弱城市群的整体经济实力，其结果就是资源的低效配置和使用，以及经济低效发展。而且由于投资产业具有趋同的特征，不同地区提供的是使用功能差异不大的产品，也易导致市场竞争更多地采取价格策略为主，容易导致盲目重复建设，形成低投入、高产出的恶性竞争怪圈，影响了城市群内城市之间的整合。新疆四个城市群的产业布局主要建立在自然分工的基础上，但受到城市之间分工不明的制约，新疆城市群中城市之间产业关联性和产业互补性不够强，同级城市之间产业普遍雷同，优势特色产业发展不突出，没有形成合理

配套的现代化分工与协作体系，资金、技术、劳动力等生产要素在城乡之间、城市（镇）之间的自由流通还存在一些障碍。由于城市之间的产业关联度不高，产业布局的战略协调、空间开发的梯度对接等方面还存在诸多问题，制约了城市群间产业的融合发展和优势企业跨地区迁移、兼并等优化发展，使得中心城市向心作用和扩散作用的功能效应尚未得到有效的发挥，从而延缓了城市群内经济一体化的进程。此外，不少城市发展过程中片面追求自身利益，相互之间争资源、争投资、争税源等问题时有发生，统一规划落实不到位，区域内重复建设、资源浪费现象十分严重，导致布局不合理、规模不经济、内部恶性竞争激烈的局面（如钢铁、水泥、煤炭发生了互相竞争，互相倾轧等现象）。各城市之间协调和沟通渠道不畅，缺乏紧密的区域经济联系，没有从分工协作角度考虑产业布局和长远规划，缺少将区域作为一个整体参与国际、国内经济竞争的思路理念，也制约着城市群内经济的健康协调发展。

三、经济发展总体上滞后，区域差异明显

新疆地处西部边陲，长期以来，由于因地理区位关系和复杂的周边国际环境及境内的三股势力的影响，使得国家在这一地区的投入受限，从而制约了新疆的资金投资、城镇建设、口岸开发等，最终导致这一地区的经济发展滞后，新疆绿洲城市群的培育与发展因而也受到一些影响，区位优势未能得到很好的发挥。同时，新疆城市群培育与发展的经济社会基础相对薄弱，也导致区域内部事实上的地区差异。从四个城市群发展情况来看，天山北坡城市群的经济发展水平高，大喀什城市群、天山南坡城市群发展水平较低。由于经济总量偏小、财力不足，已经直接影响到各城市融入城市群的速度与成效。有鉴于此，新疆绿洲城市群的发展不但需要加强与东部城市群的联系，更需要加强区域内部的协调发展。城市群发展要实行差别化政策，加大对大喀什城市群和天山南坡城市群的政策扶持、优惠力度。

四、行政体制的地域分割，缺乏有效的区域协调机制

城市群作为一个非实体的行政区域，各城市隶属于不同的政府主体，这个特点也就造就了城市群经济区和行政区覆盖的偏差，因此在各自利益维护方面可能会存在冲突，一旦涉及城市之间竞争的时候，自身利益将会优先考虑，采取地方保护政策，搞地区封锁，人为阻挠商品和生产要素自由流动，这往往会导致城市群协调发展方面存在形形色色的问题。此外，从系统论的观点来看，一方面，城市群整体发展战略的形成主要依赖于各城市和地区的协调发展，需要各城市和地区从城市群整体利益来考虑自身的发展，不应把目光局限于本地区。但相应的区

域经济服务组织的缺乏，却使得城市群的整体布局规划和整体发展战略规划滞后，同时整体发展规划的空缺又会使城市群内部的协调发展受到影响。另一方面，区域经济服务组织的缺乏又导致了各城市进行利益协调磋商渠道的不完备，强化了城市间的经济博弈行为，加剧了区域经济发展的不协调。

五、思想认识和观念上的制约

长期以来，关于新疆绿洲城市群的争议颇多，对新疆要不要发展城市群始终没有统一的看法，同时对如何发展城市群也存有部分误区。一方面，一些学者和政府官员思想观念保守，受制于传统认知，缺乏创新意识、墨守成规，片面认为新疆属于干旱半干旱地区，水资源分布不均，不适合发展城市群，应突出小城镇建设。然而，这种认识与融入大都市、参与更大范围竞争的要求相比，有较大的差距与不足。事实上，新疆城市虽多分布在盆地边缘的山前平原和沿河地区，但分布仍比较集中，发展城市群建设，可以有效集中投资，搞好基础设施建设，使资源得到充分利用。另一方面，在城市建设方面，过度追求经济效益和眼前利益导致生态环境恶化。新疆城市群沿绿洲分布，所处地区资源丰富、人口密集、河流纵横，且生态比较脆弱，由于工业化和城镇化进程加快，废弃物、废水、废气排放速度大大高于治理速度，恶化了土壤、河流、大气等生态环境，严重损害了城市可持续发展的能力。

六、城市群内规模等级不完善

一般情况下，一个完善、合理的城市群体系，其规模等级结构应呈金字塔型分布（超大城市、特大城市、大城市、中等城市和众多小城市）。每个层次之间是连续的，渐进递增的。但是，目前新疆绿洲城市群都不同程度地存在规模等级不连续、结构不完善的问题。与我国东部地区城市群的中心城市相比，新疆绿洲城市群规模偏小、人口偏少、实力偏弱，缺乏足够的带动和辐射能力，中心城市的经济、文化、科技、人才地位和作用没有凸显出来。产业凝聚力和集聚辐射能力不强，成为制约经济圈加快发展的首要问题。例如，天山北坡城市群的首位城市分布特征就非常典型。大城市乌鲁木齐市之后缺乏特大城市、超大城市，存在着明显断层，其经济实力远超群里其他城市。大喀什城市群虽然有喀什市、阿图什市等人口大市，但群内毕竟缺乏一个或两个作为地区增长极的大城市，且小城市数量偏少，城镇规模体系断层效应明显。伊犁河谷城市群内除了伊宁市迈入中等城市的行列以外，其余周边城市均为规模偏小的小城市，且等级相近，小城市和小城镇实力较差，基础设施不完善，承接作用和辐射带动力明显不足，群内缺乏强大的核心增长极。天山南坡城市群所辖城市数量少，只有库尔勒市、阿克苏市和生产建设兵团的部分市，城市群区域内城市结构不尽合理，不利于生产力的合理布局、资源的合理开发利用、城乡环境的改善和经济社会效益的提高。可见，新疆城市群由于本身经济实力有限，对周边城市的辐射功能、集聚功能、服务作用还没有充分发挥，这既影响了城市群的发展，也影响了周边城市的发展。

七、市场经济体制不完善，生产要素自由流动限制多

改革开放以来，尤其是中央新疆工作会议以来，新疆经济快速发展，为城市群的发展带来了新的生机与活力，城市与城市之间的经济技术协作更为密切，跨地区的企业联合不断增多。但是，由于受行政区划和其他种种因素的影响，市场经济体制尚未完善，市场发展尚不充分，部门分割状况与地区封锁仍然残存，许多区域生产要素的自由流动依然存在很大限制，城市群内人才、物资、资金、信息流动网络尚不完善，生产、流通、销售时有受阻，各个城市的自身优势未能得到充分发挥，其表现通常是城市群内仍然存在一定程度的贸易壁垒、资源大战，以及各种形式或花样翻新的地方保护，严重影响了参与国内、国际市场的竞争力。整个城市群更多地表现为地理上的自然区域地带，缺乏有效的组织管理，群体的潜在优势未得到充分发挥，这在很大程度上阻碍了区域内生产要素市场的一体化进程，不利于区域经济的协调发展，也影响到了城市群的培育发展。

第五章 新疆绿洲城市群发展演变历程与发展现状

第一节 新疆绿洲城市群总体发展演变历程

一、基于城市群首位度发展历程分析

马克·杰斐逊对 51 个国家（其中有 6 个国家为两个不同时段）的情况进行了分析，并将每个国家前三位城市的人口规模与比例关系列出，发现其中有 28 个国家的最大城市的人口规模是其第二位城市人口规模的两倍以上；有 18 个国家的最大城市的人口规模大于第二位城市人口规模三倍以上。杰斐逊认为这种现象构成了一种规律性的关系，并把这种在人口规模上与第二位城市保持着非常巨大的差距，吸引了全国城市人口的很大一部分，并且在整个国家的政治、经济、社会、文化生活中占据非常明显优势的城市定义为首位城市（Primate City）。基于观察到这种比较普遍存在的现象，他提出了城市首位度（Law of the Primate City），即一个国家的"首位城市"的人口规模总是要比这个国家的第二位城市（更不用说其他城市）大得异乎寻常，而且不仅如此，这个城市还体现了整个国家和民族的智能与情感，在国家经济与社会发展中有着非常突出的影响。杰斐逊的观察和发现对现代城市地理学做出了非常重要的贡献，目前首位城市的概念已经被广泛使用。在实际研究中，人们常采用一定区域内最大城市与第二位城市人口的比值，即城市首位度，也称为二城市指数（S_2），来作为一种对区域内城市规模分布状况进行衡量的常用指标，首位度比较大的城市规模分布，就称为首位分布。首位度在一定程度上代表了一个城市体系中的城市人口在其最大城市的集中程度，但是在实际应用中难免会出现以偏概全的现象，为了避免首位度二城市

指数过于简单化，有人对此进行了改进，提出了四城市指数和十一城市指数。

1. 城市群总人口首位度分析

（1）二城市指数：$S_2 = P_1/P_2$。在该式中，S_2 为首位度，P_1、P_2 分别为最大城市和第二大城市的人口规模。根据我国城市人口统计方法，人口规模一般采用市区非农业人口数。得出首位度指数小于 2 的城市中心性不明显，对其他城市影响较弱；只有首位度指数在 2 以上的城市才能称为首位城市，区域内城镇空间分布较均衡，资源的占有、分配较合理；首位度指数在 2～4 的属中度首位分布，中心城市对其他城市具有一定的影响和带动作用；在 4～6 的属高度首位分布，中心城市集聚能力很强，对周边城市影响非常明显；当首位度超过 6 时，区域内各城镇处于一种极度失衡的发展状态，两极分化现象明显，处于极核发展状态，中心城市的高度聚集将会影响区域城镇整体协调发展。据此，对四个城市群的二城市指数进行分析（见图 5-1），结果如下：

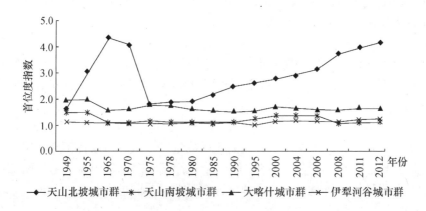

图 5-1 不同城市群总人口二城市首位度指数（S_2）变化情况

1）天山北坡城市群。1949～2012 年，该城市群区域年末总人口首位度分布有较大的波动，基本上呈先增、后降、再稳步上升趋势。1949～1952 年，年末总人口首位度小于 2，即该区域的城市中心性不明显，中心城市对其他城市的影响较弱，人口的集聚效应不显著。1952～1955 年，该区域的首位度为 2～4，属中度首位分布，表明该区域的人口集聚效应显著。1965～1970 年，该区域的年末总人口首位度为 4～6，属高度首位分布，即中心城市集聚能力很强，对周边影响非常明显。1975～1980 年，首位度下降到 2 以下，中心城市对其他城市的影响大幅减弱，城市中心性趋于不明显。1981～2011 年，该区域的首位度再次增长，回归到 2～4，属中度首位分布，中心城市对其他城市具有一定的影响和带动作用。2012 年，该区域的首位度大于 4，进入高度首位分布，中心城市乌鲁木齐的人口集聚能力非常强,集聚了区域将近一半的人口,城市对周边的影响也更加明显。

2)天山南坡城市群。天山南坡区域涉及了巴音郭楞蒙古自治州和阿克苏地区的大部分县市,其中库尔勒、阿克苏、库车等都是规模较大城市,但是城市规模差距不大。数据显示,1949～2012年,该区域的首位度分布始终在1～1.5,变化非常平稳。这也表明天山南坡城市群的城市中心性不够明显,人口集聚效应不显著,尚未形成真正能发挥集聚辐射和引领带动作用的中心城市,库尔勒、阿克苏以及库车之间的竞争还比较激烈。

3)大喀什城市群。该城市群主要涵盖的是喀什地区和克孜勒苏柯尔克孜自治州的大部分城市。其中,喀什作为千年的历史文化名城,无论城市的文化底蕴还是综合经济实力,都是当之无愧的中心城市,但是因为区域整体的城镇化水平相对较低,喀什中心城市的集聚辐射作用虽比天山南坡城市群中心城市较高,但从1949～2012年区域人口首位度的变化情况来看,也基本在1.5～2,其喀什中心城市的人口集聚效应不够明显。

4)伊犁河谷城市群。本区域是四个城市群中总人口最少的,由于地理环境和资源禀赋的相似,人口相对均衡的分布在所属的各个县市中,因此,从1949～2012年该区域1～1.3的人口首位度分布可以看出,该城市群是目前四个城市群中中心城市人口集聚能力最弱的一个。

(2)四城市指数:$S_4 = P_1/(P_2 + P_3 + P_4)$。其中,$P_1$、$P_2$、$P_3$、$P_4$是指按照人口数自大而小排列前4位次城镇的人口数量。四城市指数在正常情况下应该为1;大于1的属于高度首位分布;低于1的属于低度首位分布。为了验证二城市指数的可靠性,继续就四城市指数对四个绿洲城市群进行分析(见图5-2)。

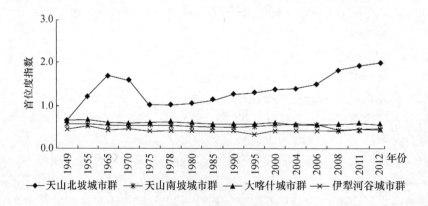

图5-2 不同城市群总人口四城市首位度指数(S_4)变化情况

1）天山北坡城市群。1949～2012年，该区域年末总人口首位度的分布有较大波动，以1978年为界点，前期波动较大，呈先增后减趋势，后期波动较小，呈逐渐递增趋势。总体来说，1949～1953年，该区域度首位小于1，属低首位度分布，即中心性城市的人口集聚效应较弱；随后的1953～2012年，该区域的首位度一直大于1，属高度首位分布，即乌鲁木齐中心城市的集聚能力在不断加强，对周边城市的影响非常明显。结果基本符合二城市指数的判断。

2）天山南坡城市群。该区域的四城市指数与二城市指数变化趋势高度一致，1949～2012年，该区的首位度的分布一直保持在0.4～0.6，起伏变化不大。而且小于1的首位度也表明，该区域属于低度首位分布，中心城市的人口集聚能力弱。

3）大喀什城市群与伊犁河谷城市群。这两个城市群区域1949～2012年的四城市指数变化也相对平稳，大喀什城市群基本在0.5～0.7，伊犁河谷城市群略低，处于0.4～0.6，均属于低度首位分布，城市中心性不明显，中心城市对其他城市的人口集聚影响较弱。

（3）十一城市指数：$S_{11} = P_1 / (P_2 + P_3 + \cdots + P_{11})$。其中，$P_1$、$P_2$、$P_3$、$P_4 \cdots P_{11}$是指按照人口数自大而小排列的前11位次城镇的人口数量。十一城市指数在正常情况下应该为1；大于1的属于高度首位分布；低于1的属于低度首位分布（见图5-3）。

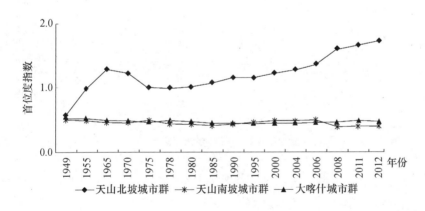

图5-3 不同城市群总人口十一城市首位度指数（S_{11}）历史变化情况

1）天山北坡城市群。用十一城市指数分析该区域年末总人口首位度，除个别时间段外，该区域大体上呈递增的趋势。1949～1960年和1976～1978年两个阶段，首位度小于1，属低度首位分布，人口集聚能力弱。1961～1975年，首位度大于1，属高度首位分布，人口集聚能力强，中心性城市的人口集聚力对其他地区的影响逐步加强。

2）天山南坡城市群。该区域十一城市指数结果表明，1949～2012年，区域的人口首位度均小于1，属低度首位分布，而且多年变化不大。

3）大喀什城市群。以十一城市指数来衡量，该区域人口首位度在1949～2012年，稳定分布在0.4～0.6，小于1，属于低度首位分布，城市中心性不明显，人口集聚力对周边的影响较弱。该结论与二城市指数和四城市指数显示的结果一致。

伊犁河谷城市群由于城镇总数不足11个，故本指数无法计算。

2. 城市群城镇人口首位度分析

总人口更多地体现了城市群的规模和集聚作用，为进一步说明城市群中首位城市对周边城市的影响作用，可选取城市的城镇人口，利用首位度指数按照上述方法进行分析计算。

（1）二城市指数（S_2）。不同城市群城镇人口二城市首位度指数（S_2）历史变化情况如图5-4所示。

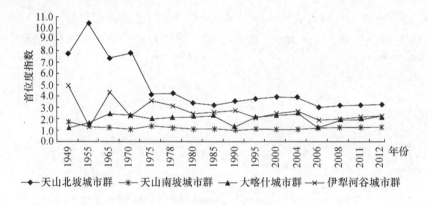

图5-4 不同城市群城镇人口二城市首位度指数（S_2）历史变化情况

1）天山北坡城市群。首位城市乌鲁木齐的城镇人口在快速增加，但是周边城市的规模也在不断扩大，所以从1949～2012年的数据统计结果来看，该区域的首位度分布整体波动较大且呈递减趋势，说明目前首位城市乌鲁木齐对其他城市的影响和带动作用相比以前有所减弱。在具体阶段划分上，大致可分为三个，一是1949～1970年，该区域的城市首位度大于6，即乌鲁木齐对周边区域的影响作用极其明显。二是1971～1978年，中心城市的首位度在4～6，属高度首位分布，中心城市对周边区域的影响依然非常明显。三是1979～2012年，中心城市的首位度稳定在3～4，属中度首位分布，乌鲁木齐对城市群内其他城市具有明显的影响和带动作用，这也与城市群发展的现状相符。

2）其余三个城市群在1949～2012年，二城市指数变化情况比较平稳。其中，天山南坡城市群一直保持在1～2，中心城市对周边其他城市的影响较弱，这也符合天山南坡库尔勒、阿克苏和库车等几个城市发展的现状；大喀什城市群的二城市指数虽在2上下稍有波动，但基本接近标准值2，表明喀什在城市群区域还是具有一定的影响和带动作用；伊犁河谷城市群的城镇人口二城市指数与总人口的二城市指数区别较大，在总人口首位度分布上，二城市指数为1～1.3，中心城市的集聚作用非常有限，但是在城镇人口的首位度分布上，二城市指数保持在2～4，又显示出中心城市伊宁作为伊犁哈萨克自治州首府城市的特殊影响作用。

（2）四城市指数（S_4）。不同城市群城镇人口四城市首位度指数（S_4）历史变化情况如图5－5所示。

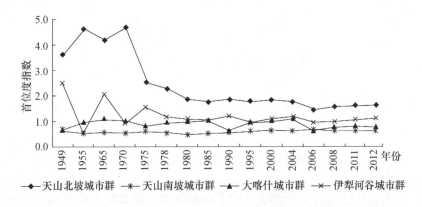

图5－5　不同城市群城镇人口四城市首位度指数（S_4）历史变化情况

1）天山北坡城市群。从1949～2012年四城市指数的变化趋势可以看出，区域中心城市的首位度波动起伏较大，以1980年为界，前期的指数在2～5，属于高度首位分布，表明1980年之前，天山北坡区域除乌鲁木齐以外，其他城市发展非常缓慢，乌鲁木齐对周边城市的影响非常明显。但从1980年之后，四城市指数迅速下降到1.4～2，并一直保持相对平稳的状态。虽然四城市指数大于1，也属于高度首位分布，中心城市的集聚能力依然很强，对周边城市的影响也很大，但是这种影响力相比区域城镇化发展的早期有所减小，却更加平稳。

2）天山南坡城市群。与二城市指数一样，该城市群在1949～2012年，四城市指数一直相对稳定地保持在0.4～0.7，属于低度首位分布，首位城市的城市中心性不明显，对其他城市影响较弱。

3）大喀什城市群。1949～2012年，该区域四城市指数在1上下波动，体现了首位城市喀什在不同时期对周边区域的影响，与天山南坡城市群相比，喀什在城市群中的中心地位更加突出，对周边的影响作用更大。

4）伊犁河谷城市群。该城市群的四城市指数变化可大致分为两个阶段。1949～1975年，指数波动较大，变化幅度达到了2；1975年以后指数基本上趋于平稳，大致保持在1左右，属中度首位城市，即中心城市伊宁对周边其他城市具有一定的影响和带动作用。

（3）十一城市指数（S_{11}）。不同城市群城镇人口十一城市首位度指数（S_{11}）历史变化情况如图5－6所示。

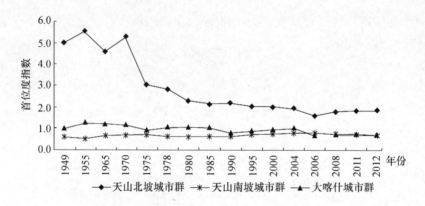

图5－6　不同城市群城镇人口十一城市首位度指数（S_{11}）历史变化情况

1）天山北坡城市群。从该城市群十一城市指数的变化可以看出，在改革开放之前，新疆的城镇化发展进程非常缓慢，即便是在天山北坡区域，城镇人口也绝大部分集中在乌鲁木齐，十一城市指数高达3～6，呈高度首位分布，两极分化比较严重。进入20世纪80年代以后，随着周边其他城市的发展，十一城市指数开始下降，但也维持在1～2，仍属于高度首位分布状况。中心城市乌鲁木齐的集聚能力很强，对周边影响也很明显。

2）天山南坡城市群和大喀什城市群的十一城市指数变化情况与四城市指数相类似，这两个城市群的中心城市的集聚影响作用相对有限，而且喀什对周边区域的影响还要大于库尔勒。

3．城市群经济首位度分析

（1）二城市指数（S_2）。经济首位度是度量城市发展属性的参数，一般是指在一个省域范围内，第一大城市经济指标占全省的比重。有时也用特定区域最大城市（中心城市）与第二大城市经济规模、总量之比值来表示，在一定程度上代表了城市体系中的城市发展要素在最大城市的集中程度。当用中心城市与第二大城市之间的比值表征经济首位度时，一般认为，城市的经济首位度小于2，表明结构正常、集中适当；城市的经济首位度大于2，则存在结构失衡、过度集中的趋势。用二城市指数分析各城市群中心城市经济首位度，结果如图5-7所示：

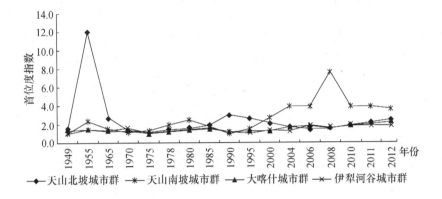

图5-7 不同城市群GDP首位度（S_2）历史变化趋势

1）天山北坡城市群。1949～2012年，中心城市乌鲁木齐的经济首位度除个别年份（1955年左右，城市指数达到12）外，其余年份基本上保持在2左右。1949～1955年，首府乌鲁木齐经济发展迅速，GDP明显增长，城市指数较1949年成倍增长，经济处于极核式发展状态，天山北坡区域出现了空前的集聚，乌鲁木齐的中心性凸显；1955年以后，城市指数的数值出现回落，这一时期主要是由于石河子的快速发展，其城市经济实力大幅提升，有效缓解了乌鲁木齐一家独大的现象，使得区域极核式发展的极不均衡问题趋于减弱。1978年后，随着改革开放的深入推进，天山北坡区域作为新疆经济发展的引擎和增长极，乌鲁木齐的中心性再次凸显，其经济集聚程度随着人口等要素的集聚而逐步增强。

2）天山南坡城市群。就其城市经济总量来说，天山南坡城市群中心城市库尔勒的集聚程度要远远超过其人口的集聚程度。1949～2012年，库尔勒为中心城市的天山南坡城市群的经济首位度波动不大，除了1990年左右，总体趋势呈上升状态，特别是从1995年之后，库尔勒的二城市指数增加明显，甚至达到了高度首位分布的状态，这主要是因为随着塔里木盆地石油资源的开发，塔里木油田公司总部落户库尔勒，对库尔勒城市经济发展的影响、促进和带动作用非常显著，库尔勒也成为天山南坡产业带上的一个工业重镇和经济大市，在天山南坡城市群中发挥着重要的影响和带动作用。

3）大喀什城市群。该区域的二城市指数在1949～2012年变化波动不大，中心城市喀什市的首位度不高，中心性不明显，区域各城市在资源的占有分配上相对均匀。这种情况一方面反映出该区域在经济上的集中度不高，另一方面也间接说明了大喀什城市群区域长期以来经济发展相对滞后，区域城市经济实力不强。但从 2010 年开始，大喀什城市群的二城市指数增加趋势明显，达到 2 以上，表明喀什市的中心性较以前逐渐增强，对周边的影响带动作用开始增加，这与区域整体发展的特性相符，在国家和对口援疆省区的大力支持与帮助下，特别是 2010年以后，喀什市国家级经济开发区的设立和快速发展，使得喀什市的综合经济实力快速增加，喀什市也日益成为南疆三地州经济发展名副其实的中心。

4）伊犁河谷城市群。该区域中心城市的经济首位度变化不大，1949~2012 年，二城市指数始终在 1.5 左右浮动，表明区域的城市经济集聚度不高，中心城市伊宁的经济辐射能力较弱，对周边区域的影响带动作用不足，城市的中心性不显著。

（2）四城市指数（S_4）。同理，对四个城市群的四城市指数进行分析，来判断四个城市群的经济集聚状况和中心城市的集聚能力，结果显示如图 5-8 所示：

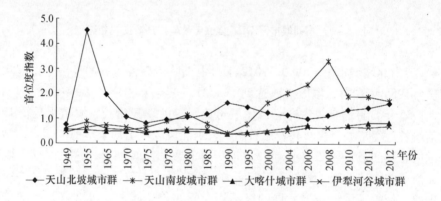

图 5-8 不同城市群 GDP 首位度（S_4）历史变化趋势

1）天山北坡城市群。与二城市指数变化趋势一样，1949~1955 年，首位城市乌鲁木齐经济发展迅速，GDP 成倍增长，四城市指数也达到了最大值，表现出首位城市经济凝聚力很强，对周围的辐射带动作用也达到了最大；1955~1975 年，四城市指数的数值出现回落，降到了正常值 1 以下，首位城市乌鲁木齐聚集力成减弱变化。改革开放以后，乌鲁木齐的中心性呈现出比较明显的上升、下降、再上升的趋势，但总体来说，乌鲁木齐的首位度在不断增强，经济综合实力大大领先于周边其他城市，乌鲁木齐不但是天山北坡城市群的首位城市，也是全疆的首位城市。

2）天山南坡城市群。该区域的四城市指数在 1949~2012 年也有着较大的波动，其中，1949~1990 年，虽然四城市指数也有部分时间达到了 1 以上，但是总体而言，首位城市的中心性还表现较弱，经济集聚程度较低，库尔勒对周边区域的影响带动作用相对有限，1990 年以后，天山南坡城市群的四城市指数逐年增加，达到了 2 ~ 3 的水平，表明在这一时期，库尔勒的经济集聚能力大大增强，城市综合经济实力和中心城市的经济地位大幅提升。

3) 大喀什城市群。大喀什城市群区域长期以来经济发展相对滞后，区域城市经济实力不强。1949 ~ 2012 年，四城市指数也一直在 0.5 上下浮动。中心城市喀什的经济首位度不高，集聚力比较弱，对其他城市影响作用较弱。但与二城市指数一样，2000 年以后，特别是 2010 年之后的增长趋势比较明显，说明城市的中心性正在不断增加，喀什在区域的集聚能力和对周边城市的辐射影响能力开始提升，首位城市的作用地位开始显现。

4) 伊犁河谷城市群。该区域中心城市伊宁的四城市指数与二城市指数变化区域一样，长期保持在 0.5 ~ 0.6，虽然不同阶段也有上升、下降的变化，但是伊宁在区域的经济首位度一直没有根本性的变化，城市的经济集聚度不高，对周边区域的影响带动作用不足，城市的中心性不显著。

(3) 十一城市指数 (S_{11})。除伊犁河谷城市群因为样本关系无法计算十一城市指数外，天山北坡城市群、天山南坡城市群和大喀什城市群的十一城市指数与四城市指数变化的阶段和趋势都非常一致（见图 5 – 9），也表明了前面计算结果的可靠性，就经济首位度来说，天山北坡城市群中乌鲁木齐属于高度首位分布；天山南坡的库尔勒 20 世纪 90 年代之前基本属于低度首位分布，90 年代之后，经济的集聚能力大大增加，属于高度首位分布；大喀什城市群的中心城市喀什的经济集聚力一直较弱，属经济低度首位分布，2010 年之后也表现出比较明显的增长趋势，说明喀什在区域中的集聚能力以及对周边城市的辐射影响能力都开始提升增加。

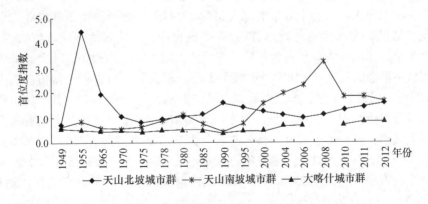

图 5 – 9　不同城市群 GDP 首位度 (S_{11}) 发展趋势

当然四城市指数与十一城市指数的高度的相似性，也从另一方面说明了各城市群内中心城市的经济总量在城市群所占比重较大，城市群内其他城市，特别是排名靠后城市的贡献作用很小，对城市群整体区域发展的影响非常有限。

二、基于城市金字塔理论的城市空间结构演变历程

如果将一个国家或者区域中大小不等的城市按照规模大小进行等级划分，就会发现一种普遍存在的规律性现象，即城市规模越大的等级中含有的城市数量越少；规模越小的城市等级中所含的城市数量越多。如果我们把这种城市数量随着规模等级不同而出现变动的关系用图表的方式表示出来，就形成了规模城市等级金字塔，城市金字塔的塔基是大量小城市，塔尖则是一个或少数几个大城市，不同规模等级城市数量间的相对关系，可以采用每一个规模等级的城市数量与其上一规模等级的城市数量相除的商（K 值）来表示。城市金字塔是一种分析城市规模分布的简易途径，通过这种方法，能够比较快捷有效地从中发现城市规模等级体系的特点、变化趋势以及存在的问题。戴维斯（K. Davis）将城市金字塔的规模等级边界进行规范化后发现，如果当城市规模按照倍数进行分级，则世界各主要国家的城市体系发育基本上符合各个规模等级城市的数目会随着规模等级的降低而成倍增加这一规律。

从四个城市群各级别城市 2012 年的人口数量上来看，在天山北坡城市群 16 个城市中，超大城市有 1 个，非农业人口占整个城市群总人口的 45%；大城市 1 个，非农业人口占整个城市群总人口的 13.77%；中等城市 9 个，非农业人口仅占城市群总人口的 33.02%；小城市 5 个，非农业人口占整个城市群总人口的 8.21%，整个城市群非农业人口分布呈现"倒金字塔"型。天山南坡城市群 17 个城市中，无超大城市和特大城市，大城市有 1 个，非农业人口占城市群总人口的 23.15%；中等城市数量 7 个，非农业人口占城市群总人口的 47.44%；小城市 9 个，非农业人口占整个城市群总人口的 29.41%，整个城市群非农业人口分布呈现"橄榄"型。大喀什城市群的 16 个城市中，没有超大城市、特大城市，大城市 1 个，非农业人口仅占城市群总人口的 10.53%；中等城市 11 个，非农业人口占城市群总人口的 72.46%；小城市 3 个，非农业人口占整个城市群总人口的 16.04%，城镇 1 个，非农业人口占城市群总人口的 0.97%，整个城市群非农业人口分布也呈现"橄榄"型。伊犁河谷城市群 10 个城市中，也没有超大城市和特大城市，只有 1 个大城市，其非农业人口占城市群总人口的 36.96%；中等城市 4 个，非农业人口仅占城市群总人口的 37.84%；小城市 5 个，非农业人口占整个城市群总人口的 25.20%，整个城市群非农业人口分布也呈现"橄榄"型（见表 5 - 1）。

表 5 - 1　城市群不同规模城市非农业人口分布

分类	人口标准	天山北坡城市群（%）	天山南坡城市群（%）	大喀什城市群（%）	伊犁河谷城市群（%）
超大城市	>200 万	45.00	0	0	0
特大城市	100 万～200 万	0	0	0	0
大城市	50 万～100 万	13.77	23.15	10.53	36.96
中等城市	20 万～50 万	33.02	47.44	72.46	37.84
小城市	5 万～20 万	8.21	29.41	16.04	25.20
城镇	<5 万	0	0	0.97	0

从城市金字塔上看，天山南坡城市群和伊犁河谷城市群规模等级结构基本符合金字塔理论。天山北坡城市群和大喀什城市群的规模等级结构则与金字塔理论不太相符。其中，天山北坡城市群是非常明显的一城独大，乌鲁木齐在区域内处于绝对支配地位。虽然天山北坡城市群是目前新疆城镇化发展水平最高、城市经济实力最强的城市群，但从目前发展趋势来看，天山北坡城市群规模结构呈不规则金字塔型的问题还将持续相当长时间，亟须培育、发展一批大城市来进一步完善城市群的规模结构和布局体系。对大喀什城市群而言，主要问题是大城市或特大城市缺失，缺少真正的能发挥引领、带动作用的核心首位城市，同时区域内的小城市数量太多，导致城市序列递进发展动力匮乏，规模结构在整体上呈现出塔基过大、顶端缺失的不规则塔状分布。

第二节　新疆绿洲城市群发展演变驱动机制

城市群发展的动力机制是指在城市群建设过程中促进城市群形成和发展所必需的各种推动力量，主要包括人口增长、经济发展、产业集聚与扩散、交通基础设施、政策调控以及地理区位条件等，外部的驱动力一般都会作用于城市群的发展进程及每个城市的未来发展方向，对城市扩展以及城市群的形成与发展产生着特定的影响。

一、人口数量的增长

城市人口作为一种持续的外界压力，是城市扩张和发展的根本动力之一。对绿洲城市而言，人口增长更是城市空间扩张的原始驱动力，对城市规模起着决定性影响。城市人口聚集和增长所产生的城市扩张主要表现在两个方面：一是人口增长对土地刚性需求的增加，随着城市人口数量的增加，城市居民生活、生产所需要的城市用地数量也需要不断增加，包括城市居民的居住用地、就业用地以及公共配套设施用地等；二是人口结构、家庭结构的变化对土地数量及结构的影响，由于城市迁移流动人口，特别是年轻人口的增加以及大家庭人均人口的减少，大家庭变为小家庭，使得城市家庭数量的上升速率超过了人口增长速率，为了满足这种因为人口或者家庭结构变化而产生的新土地需求，也必须要有新的土地供给，而新的土地供给的保障就需要城市空间的扩展。

二、城市经济的发展

经济增长是城市空间扩展的又一主要动力。城市空间扩展是城市经济发展的需求和体现，而且城市的空间扩展速率随经济发展的波动而变化，经济增长必然导致城市用地规模的变化。当经济高速增长时，城市用地规模变化较快，城市空间扩展形式主要表现为城市建成区范围的外延式水平空间扩展；当经济从高速增长趋于稳定增长或缓慢发展时，城市空间扩展转换为内涵式垂直空间扩展，其特征表现为城市转向以内部填充、改造为主，建筑密度加大。城市经济发展对城市用地规模的决定性作用表现在以下几个方面：生产布局的延伸和扩大、新经济活动区的开拓决定了城市各项用地的延伸和扩张；经济发展总是以一定的投入为基础，当我们追求更高产出的同时，投入，特别是资源，包括土地资源在内的资源投入势必也会增加，因此，经济发展的结果之一就是土地总需求量增加。另外，随着城市经济的发展，城市居民收入水平在不断提高，同时人们对于生活品质的追求也在逐步增加，城市居民对其居住、生活环境以及周边商业文化娱乐设施也有了更高的要求，需要对现有住房及相应的配套服务设施进行必要的升级改造，这也会对土地产生新的增量需求。以天山北坡城市群为例，虽然目前还处于城市群培育发展的初级阶段，但是区域内各城市的形成、发展却有着近200年的历史，其中，对各城市的形成、发展有较大促动作用的经济活动就是早期的屯垦，尤其是清朝期间的屯垦活动，因为时间长、规模大、人数多，效果明显，为天山北坡区域城镇发展奠定了坚实的基础，形成了目前城市群发展最终的分布格局。其后，随着区域经济的不断发展，城市空间也在不断扩张，特别是改革开放以后，以乌鲁木齐等城市为代表，城市综合经济实力快速增强，城市空间也在飞速扩张。

三、产业的集聚与扩散

城市产业聚集和扩散是城市空间扩张的直接动力。城市群正是在市场竞争机制的作用下，资本、劳动、技术和制度等各要素在空间上集聚与扩散运动的结果，是城镇化发展到成熟阶段的地域空间组织形式，因此产业集聚与扩散是城市群产生和发展的动力，这种机制在要素层面上表现为人口与资本的流动与聚集以及技术的创新与扩散过程，在企业层面上表现为企业的区位选择与再选择过程。特别是随着经济的发展，市场配置资源的作用越来越大，为了实现节约成本、利益最大化的目标，产业、人口或资源等各种生产要素加快向中心城市集聚，以形成规模经济效益。在新疆比较典型的就是乌鲁木齐，随着各类生产要素的集聚，目前已成为全疆产业最集中、发展水平最高的区域，而且这种集聚也使得乌鲁木齐周边其他乃至全疆其他区域的吸引力进一步加强。除了集聚，扩散也是城市空间扩张的直接动力，而且集聚与扩散两种动力在城市群不同发展阶段中的作用也是有所差别的。前期，集聚作用更加明显，但是随着城市群进一步发展，各要素在继续集聚的同时，扩散成为主要动力，扩散效应表明，中心城市发展的程度直接影响城市群内其他城市的发展，中心城市功能越完善、综合实力越强，其辐射的范围就越大、程度就越深、带动效应就越明显。可见，产业集聚与扩散机制是促进各种经济要素空间流动的重要力量，也是实现地区产业结构升级、产业组织结构和空间结构调整、城市空间结构演进的重要机制。

四、交通基础设施的完善

交通是绿洲城市群空间扩展的重要引导力。对新疆来说，由于绿洲城市的先天封闭性以及新疆交通基础设施建设长期滞后等因素制约，城市间联系的有效性不足，大大限制了生产要素在城市之间的流动，这也是长期以来新疆城市发展滞后的重要原因之一。但是伴随着区域资源开发、基础设施、生产设施及其他配套设施建设水平的不断提升，使得新疆城市之间的时空距离大大缩短。一方面，便捷的交通显著扩大了城市的通勤半径，从而促进了城市人口、产业的聚集，促使城市规模扩大，一定程度上加快了城市空间形态的扩展和土地开发的速度；另一方面，通过空间相互作用而逐渐形成由铁路、公路等现代化的交通网络组织，使得区域内各城市之间既可以沿相应的轴线进行产业布局，又可以开展分工合作，有效增加区域城镇之间的相互联系。新疆四个绿洲城市群的划分和判定的重要依据之一就是区域内有效的交通联系。因为除了区域地理特征相似之外，上述四个城市群内部各城市之间，确实有着相比区域以外城市间更加紧密的交通联系。如乌鲁木齐，作为天山北坡城市群的中心城市，是天山北坡经济带区域的交通枢纽，辐射周边的铁路和高速路网使得乌鲁木齐向外延伸的速度越来越快、规模越来越大，与周边城市区域的联系也越来越紧密，而且联系的范围也越来越宽广。

五、宏观政策的调控

政策调控是政府通过制定政策、规划，进行行政区划调整等政府行为对城市群发展进行宏观把控，往往通过对区域经济与社会环境的影响而间接作用于城市群，是城市群发展的间接动力。一般而言，一个城市群内部的几乎所有城市的政府都可以通过制定产业政策或者其他相关政策引导企业的区位选择，特别是城市群核心城市的政策调控影响作用更加明显。因此，为了确保城市群区域内部各城市之间的协调有序发展，需要共同制定相应的协调机制，以协调城市之间分工定位、产业布局以及具体包括城市交通、运输、电力、通信等线状网络组织的建设等活动，从而促进城市群的形成与发展。在具体表现上，一是可以通过核心城市的产业政策及其他配套政策基础设施的建设等活动最终促使相邻城市集结成群；二是通过行政管理手段决定城镇的设立及其区位，由行政主管部门参与城市群的形成与管理，通过城市群内部同等级别的城镇政府部门或官方性质的机构来组织和协调城市群的内部事务等。对新疆来说，除了国家将天山北坡城市群定位为国家级区域性城市群外，《新疆城市体系规划（2012～2030）》中确定建设的四个一级综合交通枢纽，就是四个城市群的中心城市；"一圈多群"的空间布局就基本涵盖了四个城市群的主要涉及区域；分区发展指引也进一步明确了四个城市群区域未来城镇化发展的方向重点和任务目标。因此说，政府在城镇化发展和城市群培育发展过程中制定的一些规划引导措施和宏观调控政策等，也是新疆绿洲城市群培育、形成和发展的重要原因，决定着各个城市群空间发展的方向。

六、地理条件的要求

新疆是中国绿洲分布最广面积最大的省区，省区内绿洲主要分布于天山南北麓、昆仑山—阿尔金山北麓、伊犁谷地和额尔齐斯河流域，呈现"逐水土而发育，随渠井而扩散，环盆地而展布，沿山前而盘踞，多分散而偏小，趋集聚而增大"的分布规律。新疆绿洲城市的空间分布格局取决于绿洲的分布格局，城市大多处于绿洲中心，靠近河流或沿重要交通干线分布。例如，乌鲁木齐由于城市形态受两山相夹的河谷地形的限制，空间发展主要以乌鲁木齐河为南北轴线沿河谷南北纵向延伸，在河流两岸及冲积扇平原的上部布局，呈北宽南窄的"T"字形，城市发展的空间极为有限，必须通过城市之间的合作分工和资源共享来实现区域的可持续发展，这就无形之中强化了乌鲁木齐与周边城市的联系；其他城市群也有类似现象，如天山南坡城市群的库尔勒、大喀什城市群的喀什市等都是分布在区域主要河流的中游，需要充分考虑上、下游的水资源配置，考虑城市间的产业分工，实现绿洲有限资源的合理、高效利用。

第三节　新疆绿洲城市群形成动力机制综合定量评价

一、基于城镇化不平衡指数的新疆绿洲城市群空间结构形成分析

1. 城镇化不平衡指数模型概述

为了解城市群不同地区城镇化水平的空间差异程度和空间要素的分布情况，此处引入城镇化不平衡指数这一指标对各城市群进行分析。城镇化不平衡指数 I 是衡量一个国家或地区城镇化差异程度的指标，一般用来比较某一地区的城镇人口在全国城镇总人口中所占比重与其他指标在全国总体中所占比重的关系，也可用来比较某一特定区域城镇化相关两组指标在区域总体比重间的关系，其计算公式如式（5-1）所示：

$$I = \sqrt{\frac{\sum_{i=1}^{n} \left[\frac{\sqrt{2}}{2}(Y_i - X_i) \right]^2}{n}} = \sqrt{\frac{\sum_{i=1}^{n} d_i^2}{n}}, i = 1, 2, \cdots, n \qquad (5-1)$$

式中，n 为区域内要比较的对象个数，X_i 和 Y_i 为相互比较的两组指标。如果 X_i 和 Y_i 差异较小，那么 I 的值就较小，这就反映出这两组指标相对较为平衡；反之，如果两者的值相差比较大，那么 I 的值就会比较大，这就表明相互比较的两组指标不平衡性较为突出。如果将 I 放在直角坐标系中进行表示，则离对角线越远的点，其相关两组指标之间的差距就越大；离对角线越近的点，其相关两组指标之间的差距就越小，在对角线附近的点，则表示其相关两组指标间差距不大，相对比较均衡。点到对角线的垂直距离 d，计算公式如式（5-2）所示：

$$d_i = \frac{\sqrt{2}}{2}(Y_i - X_i), \ i = 1, 2, \cdots, n \qquad (5-2)$$

其绝对值越小，就表明相比较的两组指标差异越小；反之，则表示相比较的两组指标差异越大。

2. 城市群城镇化不平衡指数分析

城镇化很重要的一个表现就是人口的城镇化。为了充分说明新疆城镇化发展的不均衡性，特别是不同区域人口城镇化与土地城镇化之间的不协调，本书选取2012 年四个城市群中所有城市的城镇人口与建成区面积两个指标进行比较，以直角坐标系中点到对角线的垂直距离 d 来判断各城市的城镇化发展差异程度。

（1）天山北坡城市群。天山北坡城市群各城市城镇人口与建成区面积如

表5-2所示，区域平均城镇化率为66.04%，远高于全疆平均水平，居四个城市群之首，建成区平均人口密度达到3900人/平方千米，在四个城市群排第二位，仅次于天山南坡城市群。

表5-2　2012年天山北坡城市群各城市城镇人口与土地面积

城市	城镇人口		城区（县城）面积		总人口		城镇化水平比例（%）	人口密度（万人/平方千米）
	总量（万人）	比例（%）	面积（平方千米）	比例（%）	总量（万人）	比例（%）		
乌鲁木齐市	186.06	44.99	368.40	34.42	257.8	41.17	72.17	0.51
克拉玛依市	28.21	6.82	57.13	5.34	28.58	4.56	98.71	0.49
石河子市	56.95	13.77	150.00	14.02	62	9.90	91.85	0.38
吐鲁番市	8.39	2.03	46.24	4.32	27.58	4.40	30.42	0.18
鄯善县	6.08	1.47	96.62	9.03	23.13	3.69	26.29	0.06
托克逊县	3.52	0.85	18.00	1.68	11.82	1.89	29.78	0.20
呼图壁县	12.43	3.01	12.00	1.12	21.73	3.47	57.20	1.04
玛纳斯县	7.52	1.82	18.80	1.76	17.49	2.79	43.00	0.40
奇台县	8.9	2.15	63.09	5.89	24.05	3.84	37.01	0.14
吉木萨尔县	4.65	1.12	6.89	0.64	14.09	2.25	33.00	0.67
昌吉市	23.55	5.70	96.95	9.06	37.04	5.91	63.58	0.24
阜康市	9.6	2.32	21.55	2.01	16.86	2.69	56.94	0.45
奎屯市	27.48	6.65	24.56	2.29	30.44	4.86	90.28	1.12
乌苏市	8.1	1.96	24.95	2.33	22.89	3.66	35.39	0.32
沙湾县	13.42	3.25	40.07	3.74	21.64	3.46	62.01	0.33
五家渠市	8.66	2.09	25.00	2.34	9.07	1.45	95.48	0.35
合计	413.52	100.00	1070.25	100.00	626.21	100.00	66.04	0.39

从分析结果来看，2012年，天山北坡城市群的城镇化不平衡指数为 I = 2.66，说明天山北坡城市群内部各城镇的城镇化水平处于不均衡状态，16个城市中有包括吐鲁番市在内的9个城市的 d 值为负，说明这9个城市的人口城镇化水平落后于土地城镇化水平，另外乌鲁木齐、克拉玛依、奎屯等7个城市的人口城镇化水平超过土地城镇化水平（见图5-10）。从城镇人口与建成区面积比重的相关性来看，天山北坡城市群内各城市城镇人口与建成区面积比重相关性较强，相关系数为0.95。

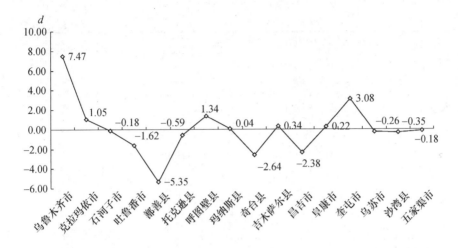

图5－10 天山北坡城市群各城市城镇不平衡指数（d）

（2）天山南坡城市群。天山南坡城市群各城市城镇人口与建成区面积如表5－3所示，2012年区域平均城镇化率为38.83%，略低于全疆城镇化平均水平，居四个城市群第二位，但本区域建成区平均人口密度达到4000人/平方千米，在四个城市群中排第一位。

表5－3 2012年天山南坡城市群各城市城镇人口与土地面积

城市	城镇人口		城区（县城）面积		总人口		城镇化水平比例（%）	人口密度（万人/平方千米）
	总量（万人）	比例（%）	面积（平方千米）	比例（%）	总量（万人）	比例（%）		
库尔勒市	34.7	23.15	109.53	28.95	55.15	14.28	62.92	0.32
轮台县	2.87	1.91	18.20	4.81	11.63	3.01	24.68	0.16
尉犁县	5.49	3.66	5.99	1.58	11.06	2.86	49.64	0.92
焉耆县	5.81	3.88	30.00	7.93	16.43	4.26	35.36	0.19
和静县	8.4	5.60	20.41	5.39	19.77	5.12	42.49	0.41
和硕县	3.12	2.08	8.00	2.11	7.55	1.96	41.32	0.39
博湖县	1.88	1.25	2.95	0.78	6.13	1.59	30.67	0.64
阿克苏市	27.12	18.09	58.61	15.49	49.5	12.82	54.79	0.46
温宿县	7.16	4.78	8.34	2.20	24.76	6.41	28.92	0.86
库车县	16.79	11.20	28.01	7.40	47.06	12.19	35.68	0.60

城市	城镇人口		城区（县城）面积		总人口		城镇化水平比例（%）	人口密度（万人/平方千米）
	总量（万人）	比例（%）	面积（平方千米）	比例（%）	总量（万人）	比例（%）		
沙雅县	5.73	3.82	10.80	2.85	26.4	6.84	21.70	0.53
新和县	3.51	2.34	9.80	2.59	17.31	4.48	20.28	0.36
拜城县	5.11	3.41	12.00	3.17	23.19	6.01	22.04	0.43
乌什县	3.68	2.45	4.30	1.14	21.76	5.64	16.91	0.86
阿瓦提县	5.53	3.69	7.00	1.85	24.58	6.37	22.50	0.79
柯坪县	1.56	1.04	6.74	1.78	5.13	1.33	30.41	0.23
阿拉尔市	11.45	7.64	37.68	9.96	18.66	4.83	61.36	0.30
合计	149.91	100.00	378.36	100.00	386.07	100.00	38.83	0.40

2012 年天山南坡城市群的城镇化不平衡指数为 $I = 1.74$，相比天山北坡城市群更加靠近对角线，是四大城市群中城镇化不平衡指数最低的一个，表明天山南坡城市群城镇化水平相对均衡。具体来说，该城市群所含的 17 个城市中，有 7 个城市的 d 值为负值，表明其人口城镇化水平落后于土地城镇化水平，另外 10 个城市的人口城镇化水平领先于土地城镇化水平（见图 5 - 11）。从城镇人口与建成区面积比重的相关性来看，天山南坡各城镇人口与建成区面积比重也有着较强的相关性，其相关系数为 0.94。

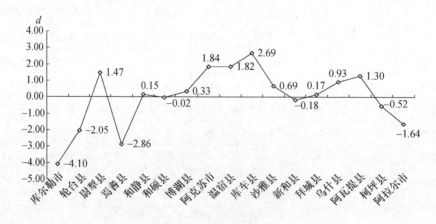

图 5 - 11　天山南坡城市群各城市城镇不平衡指数（d）

（3）大喀什城市群。大喀什城市群涉及 16 个城的建成区面积和城镇人口，如表 5 - 4 所示。该区域城镇化发展水平相对滞后，区域平均城镇化率仅为 25.51%，低于全疆平均水平，是四个城市群中最低的。建成区的平均人口密度仅有 2600 人/平方千米，也是四个城市群中最低。

表 5 - 4　2012 年大喀什城市群各城市城镇人口与土地面积

城市	城镇人口		城区（县城）面积		总人口		城镇化水平比例（%）	人口密度（万人/平方千米）
	总量（万人）	比例（%）	面积（平方千米）	比例（%）	总量（万人）	比例（%）		
阿图什市	9.03	7.33	14.39	3.08	25.44	5.27	35.50	0.63
阿克陶县	3.56	2.89	15.00	3.21	20.49	4.24	17.37	0.24
乌恰县	2.67	2.17	39.73	8.49	5.87	1.22	45.49	0.07
喀什市	29.23	23.73	52.82	11.29	48.61	10.07	60.13	0.55
疏附县	3.44	2.79	20.40	4.36	33.85	7.01	10.16	0.17
疏勒县	4.29	3.48	57.81	12.36	34.48	7.14	12.44	0.07
英吉沙县	4.25	3.45	15.35	3.28	28.54	5.91	14.90	0.28
泽普县	6.22	5.05	7.10	1.52	21.09	4.37	29.49	0.88
莎车县	12.97	10.53	27.58	5.90	79.48	16.46	16.32	0.47
叶城县	8.99	7.30	20.47	4.38	47.44	9.82	18.95	0.44
麦盖提县	8.02	6.51	12.60	2.69	26.26	5.44	30.54	0.64
岳普湖县	3.54	2.87	6.80	1.45	16.33	3.38	21.68	0.52
伽师县	4.88	3.96	35.00	7.48	40.82	8.45	11.95	0.14
巴楚县	7.35	5.97	36.00	7.70	34.32	7.11	21.42	0.20
塔什库尔干	1.19	0.97	14.00	2.99	3.91	0.81	30.43	0.09
图木舒克市	13.55	11.00	92.70	19.82	15.96	3.31	84.90	0.15
合计	123.18	100.00	467.75	100.00	482.89	100.00	25.51	0.26

2012 年，大喀什城市群的城镇化不平衡指数为 $I = 3.75$，表明大喀什城市群各城市的城镇化发展水平差异很大。16 个城市中有 8 个城市的 d 值为负，说明这 8 个城市的人口城镇化水平落后于土地城镇化水平（见图 5 - 12）。但是对大喀什城市群来说，各城市城镇人口与建成区面积比重之间没有明显的相关性，相关系数仅为 0.45，这也间接说明了该区域城镇化水平不高，城市集聚能力较弱的问题比较突出。

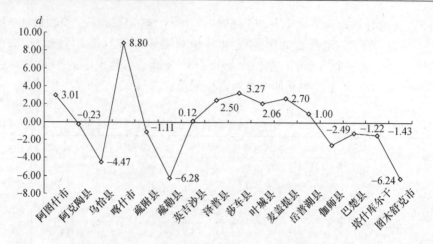

图 5-12 大喀什城市群各城市城镇不平衡指数 (*d*)

（4）伊犁河谷城市群。伊犁河谷城市群所含城镇数量较少，9 个城市的建成区总面积为 261.35 平方千米，总城镇人口为 93.3 万人，平均城镇化率为 33.17%，较全疆平均水平低近 11 个百分点。2012 年，伊犁河谷城市群各城市城镇人口与建成区面积如表 5-5 所示，建成区平均人口密度为 3600 人/平方千米。

表 5-5 2012 年伊犁河谷城市群各城市城镇人口与土地面积

城市	城镇人口		城区（县城）面积		总人口		城镇化水平比例（%）	人口密度（万人/平方千米）
	总量（万人）	比例（%）	面积（平方千米）	比例（%）	总量（万人）	比例（%）		
伊宁市	34.48	36.96	55.45	21.22	51.53	18.32	66.91	0.62
伊宁县	6.97	7.47	13.00	4.97	42.73	15.19	16.31	0.54
察布查尔县	6.48	6.95	26.00	9.95	19.43	6.91	33.35	0.25
霍城县	15.15	16.24	41.00	15.69	40.75	14.49	37.18	0.37
巩留县	4.29	4.60	25.00	9.57	40.45	14.38	10.61	0.17
新源县	8.9	9.54	37.40	14.31	31.6	11.23	28.16	0.24
昭苏县	7.15	7.66	20.50	7.84	18.91	6.72	37.81	0.35
特克斯县	4.84	5.19	24.80	9.49	17.19	6.11	28.16	0.20
尼勒克县	5.04	5.40	18.20	6.96	18.69	6.64	26.97	0.28
合计	93.3	100.00	261.35	100.00	281.28	100.00	33.17	0.36

2012 年，伊犁河谷城市群城镇化不平衡指数为 $I = 4.29$，是四个城市群中最大的一个，表明伊犁河谷城市群内各城市之间城镇化发展水平极不均衡。所有 9个城市中有 6 个城市的 d 值为负，说明这 6 个城市的人口城市化水平滞后于土地城市化水平，伊宁市、伊宁县和霍城县 3 个城市 d 值为正，表明这 3 个城镇的人口城镇化水平相对较高（见图 5 – 13）。从城镇人口与建成区面积比重的相关性来看，伊犁河谷城市群各城镇人口与建成区面积比重的相关性较强，相关系数为0.87，虽低于天山北坡、天山南坡城市群，但高于大喀什城市群。

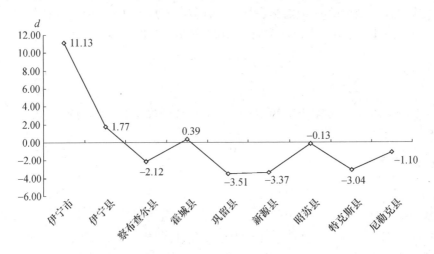

图 5 – 13　伊犁河谷城市群各城市城镇不平衡指数（d）

二、基于中心性指数的新疆绿洲城市群空间等级形成分析

1. 中心性指数指标选取

参考前人的研究成果，结合新疆绿洲城市群的发展现状，本书选取了以下 9项指标来对各城市群各城市中心性进行测度：

（1）非农业人口——城市的重要特征就是非农业人口的聚集，非农业人口的数量反映了城市的集聚能力。

（2）GDP 总量——全面反映城市的经济实力与物质基础。

（3）固定资产投资——反映城市的投资规模。

（4）社会消费品零售总额——反映城市的集散能力和市场发展水平。

（5）第二产业增加值——反映非农产业集聚能力和水平。

（6）第三产业增加值——反映非农产业集聚能力和水平。

（7）工业增加值——反映工业集聚能力和水平。

（8）人均 GDP——城市群人均国内生产总值是反映城市群整体产业发展水平的综合性指标。目前划分区域发展水平的主要标志就是人均国内生产总值，即人均 GDP，城市群人均 GDP 是评价城市群现代产业体系发展程度的综合性基础指标。

（9）工业从业人数——反映城市就业集聚能力和水平。

2. 中心性指数模型构建

中心性指数计算方法如下：

假设对 n 个城市的 m 项指标进行综合评价，其指标集矩阵为 X_{ij}（其中 $i=1$，2，$\cdots$，n；$j=1$，2，$\cdots$，m）。则第 i 个城市的第 j 项指标中心性 C_{ij} 如式（5-3）所示：

$$C_{ij} = X_{ij} / \frac{1}{n} \sum_{i=1}^{n} X_{ij} \tag{5-3}$$

在分别计算以上 m 项指标的基础上，进一步计算第 i 个城市的中心性 C_i，如式（5-4）所示：

$$C_i = \frac{1}{m} \sum_{j=1}^{m} C_{ij} \tag{5-4}$$

3. 结果分析

基于新疆绿洲城市发展现状及其特征，运用最短距离聚类分析法，借助 SPSS11.0 统计工具将中心性指数进行有效划分（见表5-6）。由于为了表明新疆整体城市等级结构，本次划分标准是在整体考虑的基础上进行的，并未将单个城市群作为划分单元。划分结果如下：天山北坡城市群、天山南坡城市群、大喀什城市群，一级中心分别为乌鲁木齐市，库尔勒市和喀什市，三个一级中心城市群基本位于北疆和南疆铁路沿线，表明绿洲城市交通要素对于形成城市群空间结构起着重要的作用，伊犁河谷城市群目前还未形成一级中心城市。二级中心城市分别为天山北坡城市群的克拉玛依市、天山南坡城市群的阿克苏市和伊犁河谷城市群的伊宁市，大喀什城市群尚未形成明显的二级中心城市。各城市群三级、四级中心城市基本以小城镇和城镇为主。

表5-6　城市群空间结构等级分类标准及分类

等级	一级城市中心性	二级城市中心性	三级城市中心性	四级城市中心性
	$C_i > 4$	$4 > C_i > 2$	$2 > C_i > 1$	$C_i < 1$
天山北坡城市群	乌鲁木齐市	克拉玛依市		石河子市、昌吉市、鄯善县、奎屯市、玛纳斯县、乌苏市、沙湾县、呼图壁县、奇台县、吉木萨尔县、托克逊县、五家渠市

续表

等级	一级城市中心性 $C_i > 4$	二级城市中心性 $4 > C_i > 2$	三级城市中心性 $2 > C_i > 1$	四级城市中心性 $C_i < 1$
天山南坡城市群	库尔勒市	阿克苏市	库车县	和静县、阿拉尔市、拜城县、轮台县、焉耆县、沙雅县、温宿县、阿瓦提县、尉犁县、新和县、和硕县、博湖县、乌什县、柯坪县
大喀什城市群	喀什市		莎车县、疏勒县、巴楚县、伽师县、叶城县	阿图什市、泽普县、麦盖提县、图木舒克市、疏附县、阿克陶县、英吉沙县、岳普湖县、塔什库尔干县、乌恰县
伊犁河谷城市群		伊宁市	新源县、伊宁县、霍城县	尼勒克县、察布查尔县、巩留县、昭苏县、特克斯县

从空间结构分析，新疆绿洲城市群基本以铁路为一级连接通道，公路为二级通道，自然地形、地貌为分界，经济、人口、交通流、社会为多元素驱动力，形成城市不同空间等级结构。

天山北坡城市群基本以沿北疆铁路呈"串珠"型城市群为主，即沿鄯善—吐鲁番—乌鲁木齐—石河子—奎屯—克拉玛依—线，以高速公路和普通公路形成圈层结构。其中东部以乌鲁木齐为中心辐射昌吉市、呼图壁、玛纳斯、五家渠、阜康市、奇台、吉木萨尔等周围 200 公里范围内的县市，充分发挥乌鲁木齐市的集聚与扩散作用；西部以克拉玛依市为中心，辐射奎屯市、沙湾、乌苏市、石河子等县市，充分发挥克拉玛依市的扩散动力作用。

天山南坡城市群基本以"辐射"型为主，沿南疆铁路呈"串珠"型为辅，其中，以库尔勒为中心形成库尔勒城市圈，辐射周围的和硕、和静、博湖、焉耆、轮台、尉犁六县；以阿克苏为中心辐射阿拉尔市、库车、新和等 9 个县市；同时形成以和静—库尔勒—轮台—库车—新和—阿克苏市为南疆铁路沿线的辅助线性辐射体系。

大喀什城市群由于缺少二级中心城市，基本形成以喀什市为中心的圈层空间结构，形成辐射空间。

伊犁河谷城市群由于缺乏一级中心城市，目前主要是以二级中心城市伊宁市为中心，形成辐射周边 8 县的中心网络式空间城市群体系。

四个城市群的连接基本以铁路为通道，形成网络型空间布局，六个一级和二级中心城市构成了网络主控中心，其他县市则以节点形式布局在其周围（见图 5 - 14）。

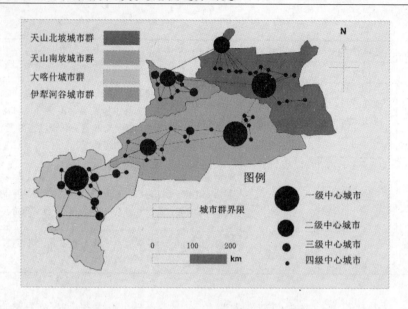

图 5 - 14   新疆绿洲城市等级结构空间分布

三、城市群城市间连接矩阵与最短路径矩阵——以天山北坡城市群为例

1. 城市群城市间连接矩阵

城市群区域的交通路网的连接程度决定了城市间联系的便捷程度，是城市群强化空间经济联系的重要载体和支撑，在城市群的形成发育过程中起到了重要作用。本书以发育程度最好的天山北坡城市群为例，假设区域内两城市之间直接相连计为 1，两城市之间不直接相连计为 0，根据天山北坡城市群公路、铁路网络布局相应做出天山北坡城市群区域 16 个城市间的连接矩阵，如式（5 - 5）所示：

$$T = \{C_{ij}\} \qquad i, j = 1, 2, \cdots, 16, \text{ 且 } i \neq j \tag{5 - 5}$$

表 5 - 7   天山北坡城市群公路、铁路网络连接性矩阵

城市	鄯善县	吐鲁番市	托克逊县	乌鲁木齐市	五家渠市	昌吉市	呼图壁县	玛纳斯县	奇台县	吉木萨尔县	阜康市	石河子市	沙湾县	奎屯市	乌苏市	克拉玛依市
鄯善县	—	1	0	0	0	0	0	0	0	0	0	0	0	0	0	0
吐鲁番市	1	—	1	1	0	0	0	0	0	0	0	0	0	0	0	0
托克逊县	0	1	—	1	0	0	0	0	0	0	0	0	0	0	0	0
乌鲁木齐市	0	1	1	—	1	1	0	0	0	0	1	0	0	0	0	0
五家渠市	0	0	0	1	—	1	0	0	0	0	1	0	0	0	0	0
昌吉市	0	0	0	1	1	—	1	0	0	0	0	0	0	0	0	0

续表

城市	鄯善县	吐鲁番市	托克逊县	乌鲁木齐市	五家渠市	昌吉市	呼图壁县	玛纳斯县	奇台县	吉木萨尔县	阜康市	石河子市	沙湾县	奎屯市	乌苏市	克拉玛依市
呼图壁县	0	0	0	0	0	1	—	1	0	0	0	0	0	0	0	0
玛纳斯县	0	0	0	0	0	0	1	—	0	0	0	1	0	0	0	0
奇台县	0	0	0	0	0	0	0	0	—	1	1	0	0	0	0	0
吉木萨尔县	0	0	0	0	0	0	0	0	1	—	1	0	0	0	0	0
阜康市	0	0	0	1	1	0	0	0	1	1	—	0	0	0	0	0
石河子市	0	0	0	0	0	0	0	1	0	0	0	—	1	0	0	0
沙湾县	0	0	0	0	0	0	0	0	0	0	0	1	—	1	0	0
奎屯市	0	0	0	0	0	0	0	0	0	0	0	0	1	—	1	1
乌苏市	0	0	0	0	0	0	0	0	0	0	0	0	0	1	—	1
克拉玛依市	0	0	0	0	0	0	0	0	0	0	0	0	0	1	1	—

2. 城市群最短路径矩阵

最短路径矩阵，是连接矩阵性经过 N 次方后，得到没有 0 出现的矩阵。具体的求法是连接性矩阵的平方，即 $T^2 = \{C_{ij}\}$，表示从城市 i 到城市 j 通过 1 个城市，而不直接相连的全部方法，即其最短路径数为 2，T^3 则表示通过 2 个城市，而不直接相连的全部方法，则其最短路径数为 3；以此类推直到 T^n，此时所有节点均直接或间接相连，即整个矩阵中没有 0 出现，则此时的最短路径数为 n。天山北坡城市群的连接性矩阵在经过 10 次运算之后，得到了其最短路径矩阵，如式（5-6）所示（见表 5-8）。

$$T^{10} = (S_{ij})_{16 \times 16} \qquad i, j = 1, 2, \cdots, 16 \qquad (5-6)$$

矩阵中的元素 S_{ij} 表示 i 和 j 两城市间最短路径的线路数目，反映了两个城市之间的特定连接关系，其数值越小，则反映两个城市之间交通越便捷，反之则表示交通不便。

表 5-8 天山北坡城市群公路、铁路网络最短路径矩阵

城市	鄯善县	吐鲁番市	托克逊县	乌鲁木齐市	五家渠市	昌吉市	呼图壁县	玛纳斯县	奇台县	吉木萨尔县	阜康市	石河子市	沙湾县	奎屯市	乌苏市	克拉玛依市	合计
鄯善县	—	1	2	2	3	3	4	5	5	4	3	6	7	8	9	9	71
吐鲁番市	1	—	1	1	2	2	3	4	4	3	2	5	6	7	8	8	56
托克逊县	2	1	—	1	2	2	3	4	4	3	2	5	6	7	8	8	56

城市	鄯善县	吐鲁番市	托克逊县	乌鲁木齐市	五家渠市	昌吉市	呼图壁县	玛纳斯县	奇台县	吉木萨尔县	阜康市	石河子市	沙湾县	奎屯市	乌苏市	克拉玛依市	合计
乌鲁木齐市	2	1	1	—	1	1	2	3	3	2	1	4	5	6	7	7	44
五家渠市	3	2	2	1	—	1	2	3	3	2	1	4	5	6	7	7	46
昌吉市	3	2	2	1	1	—	1	2	4	3	2	3	4	5	6	6	42
呼图壁县	4	3	3	2	2	1	—	1	5	4	3	2	3	4	5	5	43
玛纳斯县	5	4	4	3	3	2	1	—	6	5	4	1	2	3	4	4	46
奇台县	5	4	4	3	4	5	6	—	1	2	7	8	9	10	10	76
吉木萨尔县	4	3	3	2	2	3	4	5	—	1	6	7	8	9	9	63
阜康市	3	2	2	1	1	2	3	4	2	1	—	5	6	7	8	8	52
石河子市	6	5	5	4	4	3	2	1	7	6	5	—	1	2	3	3	51
沙湾县	7	6	6	5	5	4	3	2	8	7	6	1	—	1	2	2	58
奎屯市	8	7	7	6	6	5	4	3	9	8	7	2	1	—	1	1	67
乌苏市	9	8	8	7	7	6	5	4	10	9	8	3	2	1	—	1	79
克拉玛依市	9	8	8	7	7	6	5	4	10	9	8	3	2	1	1	—	79

3. 可达性评价指标

（1）连接程度评价指标。连接程度主要采用通达指数和通达率指标这两个指标进行评价。最短路径矩阵中第 i 行元素之和 E，即为城市 i 的通达指数。通达指数 E_i 是指在整个道路网络中，从 i 城市到其他所有城市的最短路径经过线路数目的总和，如式（5-7）所示：

$$E_i = \sum_{j=1}^{n} \{S_{ij}\} \qquad i,j = 1,2,\cdots,n \tag{5-7}$$

矩阵中第 i 行最短路径数目之和 E_i 除以节点数 N 即为 i 城市的通达率 β_i，反映了 i 城市平均连接的线路数。通达率 β_i，反映了城市 i 在整个网络中的通达性状况，其数值越小，则表明城市 i 在网络中的通达性越好；反之则表明城市 i 在网络中的通达性越差，如式（5-8）所示：

$$\beta_i = E_i/n \qquad 0 \leqslant \beta \leqslant (n-1)/2 \tag{5-8}$$

（2）伸展程度评价指标。伸展程度评价指标主要包括伸展指数 D、网络直径 δ 和"点对"间平均线路数 A 三个指标。伸展指数（也称分散指数）D 是用来衡量道路网络中总通达程度与联系水平的指标，表示各个城市最短路径矩阵元素之和，反映出城市群交通网络的扩展规模。其数值越小则说明网络内部的联系程度越高，通达性越好，如式（5-9）所示：

$$D = \sum_{i=1}^{n} \sum_{j=1}^{n} \{S_{ij}\} \qquad n(n-1) \le D \le n^2(n-1)/2 \qquad (5-9)$$

矩阵中所有最短路径数目之和除以城市的节点数即为区域通达性，即 D/n 反映了整个网络的通达程度；在城市个数相同条件下其数值越小，表明整个道路网络的通达性越好，网络越完善；反之，则表明整个道路网络的通达性越差，网络越不完善。网络直径 δ 表示网络最短路径矩阵元素 S_{ij} 中的最大值，反映了道路网络中最远的两个城市之间最短路径的线路数，如式（5-10）所示：

$$\delta = \max\{S_{ij}\} \qquad 1 \le \delta \le n-1 \qquad (5-10)$$

"点对"间平均线路数 A 表示网络最短路径矩阵元素的总和 S_{ij} 与城市"点对"数的比值，反映了对偶两城市间线路数的平均值，如式（5-11）所示：

$$A = \sum_{i=1}^{n} \sum_{j=1}^{n} \{S_{ij}\}/n(n-1) \qquad 1 \le A \le n/2 \qquad (5-11)$$

（3）城市群区域各城市网络支配能力评价指标。城市群区域各城市的网络支配能力主要通过趋中率 Z 来进行评价。趋中率是度量 i 城市在网络中所处位置的指标，其数值为网络中最大通达指数与 i 城市通达性指数之差，除以网络中最大通达指数与最小通达指数之差的比值。其值越大，则表明 i 城市就越接近于网络的交通中心，如式（5-12）所示：

$$Z_i = \frac{\max(E) - E_i}{\max(E) - \min(E)} \qquad (5-12)$$

4. 天山北坡城市群整体可达性计算

基于上述计算方法，对天山北坡城市群的整体可达性和道路网络连接程度进行计算，空间差异明显。

（1）天山北坡城市群道路网络的通达指数和通达率。从计算结果可以看出，天山北坡城市群中昌吉市的通达指数最低，仅需经过42条线路就能实现与区域其他所有城市的连接。克拉玛依虽然是二级中心城市，但因为地理位置的原因，与乌苏一样，需要79条线路才能与区域内其他所有城市实现连接。在通达率上也是如此，昌吉市借地缘优势，成为城市群内部通达性最好的城市（见表5-9）。

表5-9 天山北坡城市群各市道路网络通达指数与通达率

城市	通达指数	通达率	城市	通达指数	通达率
鄯善县	71	4.44	奇台县	76	4.75
吐鲁番市	56	3.5	吉木萨尔县	63	3.94
托克逊县	56	3.5	阜康市	52	3.25
乌鲁木齐市	44	2.75	石河子市	51	3.19

城市	通达指数	通达率	城市	通达指数	通达率
五家渠市	46	2.88	沙湾县	58	3.63
昌吉市	42	2.63	奎屯市	67	4.19
呼图壁县	43	2.69	乌苏市	79	4.94
玛纳斯县	46	2.88	克拉玛依市	79	4.94

（2）天山北坡城市群的道路网络伸展性。天山北坡城市群道路网络的伸展指数 D 为929，区域通达性指数为58.06；城市群区域网络直径 δ 为10；"点对"间平均线路数 A 为3.63。因此，从整体上来看，天山北坡城市群区域的道路网络伸展性较好，道路网络系统基本形成，但是受城市群"串珠"状分布格局的影响，城市之间的直接通达联系还有欠缺，还需要进一步完善。

（3）天山北坡城市群各城市网络支配能力。计算得出天山北坡城市群区域各城市的趋中率如图5－15所示，趋中率排在前五名的城市依次是昌吉市、呼图壁县、乌鲁木齐市、五家渠市和玛纳斯县，排在后五位的分别是奎屯市、鄯善县、奇台县、乌苏市和克拉玛依市。城市的趋中率与通达性排位次序完全吻合。

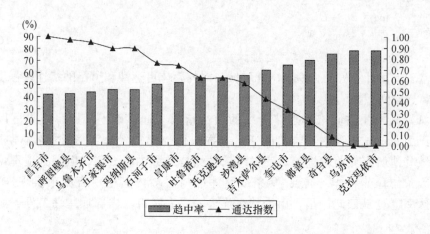

图5－15　天山北坡城市群各城市趋中率分布

从表5－10中的城市等级和可达性排序可以看出，数据计算结果与城市群内各城市的实际地位有所区别，如乌鲁木齐市是城市群内的一级中心城市和综合交通枢纽中心，虽然其通达指数与通达率较低，趋中率接近1，但其可达性排序仅为第三，排在昌吉市和呼图壁县之后，克拉玛依市是二级中心城市，但其可达性排在城市群所有城市的最末，还有奎屯市作为天山北坡经济带乃至整个北疆区域重要的综合交通枢纽中心，在区域内部的可达性上也明显靠后，这种相对特殊现象的存在最主要的原因就是天山北坡城市群特殊空间布局所决定的。

表5-10　天山北坡城市群各中心城市可达性排序

城市	通达指数	通达率	趋中率	城市等级	可达性排序
鄯善县	71	4.44	0.22	四级	13
吐鲁番市	56	3.5	0.62	四级	8
托克逊县	56	3.5	0.62	四级	9
乌鲁木齐市	44	2.75	0.95	一级	3
五家渠市	46	2.88	0.89	四级	4
昌吉市	42	2.63	1	四级	1
呼图壁县	43	2.69	0.97	四级	2
玛纳斯县	46	2.88	0.89	四级	5
奇台县	76	4.75	0.08	四级	14
吉木萨尔县	63	3.94	0.43	四级	11
阜康市	52	3.25	0.73	四级	7
石河子市	51	3.19	0.76	四级	6
沙湾县	58	3.63	0.57	四级	10
奎屯市	67	4.19	0.32	四级	12
乌苏市	79	4.94	0	四级	15
克拉玛依市	79	4.94	0	二级	15

因为道路网络的发育程度对未来区域经济、社会发展以及城市群一体化进程具有重要影响，所以为了更好地发挥城市群各级中心城市的核心作用，需要在交通网络规划与建设时，合理地向高等级中心城市倾斜，进一步提高其可达性水平，从而更好地发挥其在区域经济联系中的作用。

四、城市群空间经济联系与地缘经济关系匹配分析——以天山北坡城市群为例

城市群的内部单元之间既有竞争又有合作。对城市群的单个城市来说，发展过程中或多或少地要与城市群其他城市竞争各种资源。同时，由于城市群内每个城市的资源禀赋、技术条件、资本水平等都各不相同，城市间还要相互合作、相互补充。从城市群的整体发展战略上，明确并处理好内部各城市间的空间经济联系与地缘经济关系，对于城市发展定位、确定城市发展方向以及整个城市群的协调发展具有重要的指导意义。为了进一步分析新疆绿洲城市群空间经济联系与地缘关系的匹配性，再次以天山北坡城市群为例，对其空间经济联系与地缘经济关系进行分析。

1. 研究模型与数据

（1）经济联系测量模型。城市间的经济联系程度通常由经济联系量和经济联系隶属度两个指标进行衡量。经济联系量是用来衡量城市间经济联系强度大小的指标，既能反映经济中心城市对周围地区的辐射能力，也可以测度周围地区对经济中心辐射能力的接受程度。经济联系隶属度是指区域内较低一级的城市对其周围高级中心城市的经济联系程度。两城市间的经济联系量可以用引力模型来测量。引力模型是一种计算空间相互作用强度的计算方法，可以用来定量描述城市间的经济联系。如式（5-13）所示：

$$R_{ij} = (\sqrt{P_i G_i} \times \sqrt{P_j G_j})/D_{ij}^2 \qquad (5-13)$$

式中，R_{ij} 为两城市间的经济联系强度，P_i、P_j 分别为城市 i、j 的非农业人口（万人），G_i、G_j 分别为城市 i、j 的 GDP（亿元），D_{ij} 为两城市 i、j 的最短公路里程（千米）。

经济联系隶属度的公式如式（5-14）所示：

$$F_{ij} = R_{ij} / \sum_{j=1}^{m} R_{ij} \qquad (5-14)$$

式中，F_{ij} 表示城市 j 对城市 i 的经济联系隶属度，R_{ij} 为两城市间的经济联系强度，m 表示共有 m 个城市与城市 j 有经济联系。

（2）地缘经济关系测算模型。地缘经济关系分为两种基本类型：竞争型关系和互补型关系。前者是指由于地区间在经济结构、资源状况和自然地理条件等方面的相似性，使得不同地区对资金、技术、人才、资源和市场产生相同的渴求与竞争；后者是指不同地区可以互通有无、相互促进、共同发展。一般采用欧氏距离法测度不同地区的相似性或差异性，进而判别地区间的地缘经济关系。

1）选取指标。选取的原则是通过数据计算能较准确地判别和度量地区间的竞争性与互补性。地区间的竞争性与互补性主要表现为资源与产品的可流动性的大小。资金、原材料、劳动力、消费品等一般是从生产效率低的地区流向生产效率高的地区，从多的地区流向少的地区。为此从天山北坡城市群各城市的发展实际出发，选取以下 3 个综合性指标：

X = 地区资本形成总额/该地区当年国内生产总值；

Y = 地区第二、第三产业产值之和/该地区当年国内生产总值；

Z = 地区第一产业产值/该地区第二产业总产值。

式中，X 的大小反映了资本转换效率的高低或资本的余缺，X 较大，说明该地区资本转换率低或资金充裕，反之，说明该地区资本转换率高或资金短缺；Y

的大小反映了劳动效率的高低，第二、第三产业的发展水平反映了一个地区的经济社会的发展水平，进而也体现了该地区工业化程度和劳动效率的高低，Y 越大，说明劳动效率越高，反之，则越低；Z 的大小反映了资源与产品向外流动的能力，工农业产品一般是先满足本地区的生活和生产需求，然后再向外输出，Z 较大说明该地区农业产品有剩余并有向外输出的可能，而工业产品相对不足，反之，说明该地区需要输入农产品并通过加工输出工业产品。

2）指标 X、Y、Z 数据的标准化处理。为减少数据处理中的量纲差异，对 X、Y、Z 进行标准化处理，得到 x、y、z 的数值。计算公式如式（5-15）所示：

$$x = (X_i - \bar{X})/S_X, S_X = \sqrt{\sum (X_i - \bar{X})^2/n} \tag{5-15}$$

式中，$\bar{X}$ 为 X 系列数据的平均值，S_X 为 X 系列数据的标准差，n 为各系列数据的样本个数。同理可得到 y、z 的值。

3）欧氏距离计算及其标准化。设 x_0、y_0、z_0 为选定中心城市的 X、Y、Z 指标的标准化值，则某一城市与中心城市欧氏距离的计算公式如式（5-16）所示：

$$D_i = \sqrt{(x_i - x_0)^2 + (y_i - y_0)^2 + (z_i - z_0)^2} \tag{5-16}$$

式中，x_i、y_i、z_i 分别为城市 i 的 X、Y、Z 指标的标准化值。为方便对结果的判断和分析，对欧氏距离按照式（5-17）进行标准化处理：

$$D'_i = (D_i - \bar{D}_i)/S_{D_i}, S_{D_i} = \sqrt{\sum (D_i - \bar{D}_i)^2/n} \tag{5-17}$$

式中，$\bar{D}_i$ 为 D_i 系列数据的平均值，S_{D_i} 为 D_i 系列数据的标准差。

D'_i 反映的是地区间总体竞争性和互补性，若 D'_i 的数值为正，说明两地区之间有互补关系，正值越大，互补性越强；若 D'_i 为负值，则说明两地区间有竞争关系，负值的绝对值越大说明竞争越强。通过引入 d_{x_i}、d_{y_i}、d_{z_i}，可以更深入地分析地区间分别在 X（资本转换效率）、Y（劳动效率）、Z（资源与产品外向流动能力）三个指标上的竞争性和互补性。d_{x_i}、d_{y_i}、d_{z_i} 的计算公式如式（5-18）、式（5-19）所示：

$$D_{x_i} = |x_i - x_0|, \quad D_{y_i} = |y_i - y_0|, \quad D_{z_i} = |z_i - z_0| \tag{5-18}$$

$$d_{x_i} = (D_{x_i} - \bar{D}_{x_i})/S_{x_i}, S_{x_i} = \sqrt{\sum (D_{x_i} - \bar{D}_{x_i})^2/n} \tag{5-19}$$

式中，D_{x_i}、D_{y_i}、D_{z_i} 为 3 个分指标的欧氏距离值，$\bar{D}_{x_i}$ 为 D_{x_i} 系列数据的平均值，S_{x_i} 为 D_{x_i} 系列数据的标准差，d_{x_i} 为 X 指标距离值的标准化值。同理可得 d_{y_i}、d_{z_i} 的值。若 d_{x_i}、d_{y_i}、d_{z_i} 为正，说明在这些方面对 D'_i 贡献为互补性关系，数值越大贡献率越大，反之贡献为竞争性关系，负值的绝对值越大贡献率越大。

（3）数据的来源与整理。本书中天山北坡城市群各城市的地区 GDP、非农业人口数、第一、二、三产业产值以及资本形成总额来源于 2007~2013 年《新疆统计年鉴》。由于五家渠市数据缺失，书中主要对天山北坡城市群的其他 15 个县市进行相关的研究。

2. 天山北坡城市群空间经济联系分析

根据式（5 - 13）、式（5 - 14）将数据处理、分析、计算得到 2012 年天山北坡城市群其他城市对中心城市乌鲁木齐的经济联系强度（见表 5 - 11）。根据表 5 - 11 将城市间的经济联系量（亿元·万人/平方千米）分为 5 个等级：当 $R_{ij} > 4.0$ 时，两城市间的经济联系为强等级；当 $1.0 < R_{ij} \leq 4.0$ 时，两城市间的经济联系为较强等级；当 $0.5 < R_{ij} \leq 1.0$ 时，两城市间的经济联系为一般等级；当 $0.3 < R_{ij} \leq 0.5$ 时，两城市间的经济联系为较弱等级；当 $R_{ij} \leq 0.3$ 时，两城市间的经济联系为弱等级。

表 5 - 11　2012 年天山北坡城市群中其他城市对乌鲁木齐市的经济联系强度

城市组合	D_{ij}（千米）	R_{ij}	联系等级	对乌鲁木齐市的经济联系隶属度（%）
乌鲁木齐市—克拉玛依市	309.1	0.966	一般	34.786
乌鲁木齐市—石河子市	149.7	2.965	较强	12.430
乌鲁木齐市—吐鲁番市	146.1	0.661	一般	67.374
乌鲁木齐市—鄯善县	276.9	0.233	弱	52.924
乌鲁木齐市—托克逊县	166.5	0.261	弱	55.879
乌鲁木齐市—昌吉市	36.1	36.669	强	90.181
乌鲁木齐市—阜康市	59.5	5.824	强	85.372
乌鲁木齐市—呼图壁县	73.9	4.073	强	54.631
乌鲁木齐市—玛纳斯县	131.2	1.125	较强	6.681
乌鲁木齐市—奇台县	197.4	0.431	较弱	47.985
乌鲁木齐市—吉木萨尔县	159.1	0.361	较弱	46.133
乌鲁木齐市—奎屯市	242.7	0.559	一般	7.725
乌鲁木齐市—乌苏市	259.4	0.320	较弱	5.320
乌鲁木齐市—沙湾县	181.2	0.804	一般	12.479

从分析结果可以看出，与乌鲁木齐市经济联系强的城市分别是昌吉市、阜康市、呼图壁县，其中昌吉市与乌鲁木齐市的联系强度高达 36.669，说明其与乌鲁木齐市的经济联系非常紧密；这三个城市对乌鲁木齐市的经济联系隶属度也比较高，分别是 90.18%、85.37%、54.63%。石河子市和玛纳斯县与乌鲁木齐市的经济联系较强，但两城市对乌鲁木齐市的经济隶属度比较低，说明两城市还与乌鲁木齐市以外的城市的经济联系较为紧密。与乌鲁木齐市经济联系一般的城市是

克拉玛依市、吐鲁番市、奎屯市、沙湾县，对乌鲁木齐市的经济联系隶属度分别是34.79%、67.37%、7.73%、12.48%。与乌鲁木齐市经济联系较弱或者弱的城市是鄯善县、托克逊县、奇台县、吉木萨尔县、乌苏市，除乌苏市外，其他几个城市对乌鲁木齐市的经济联系隶属度均在50%左右。所以，天山北坡城市群各城市对乌鲁木齐市经济联系强度从强到弱依次为：昌吉市、阜康市、呼图壁县、石河子市、玛纳斯县、克拉玛依市、沙湾县、吐鲁番市、奎屯市、奇台县、吉木萨尔县、乌苏市、托克逊县、鄯善县。

3. 天山北坡城市群地缘经济关系分析

根据式（5-15）~式（5-19）计算得到天山北坡城市群其他城市与乌鲁木齐市之间的欧氏距离（见表5-12和表5-13）。将城市间的地缘经济联系分为5个等级：当 $D'_i > 1.0$ 时，两城市间的地缘经济关系为强互补型；当 $0.5 < D'_i \leq 1.0$ 时，两城市间的地缘经济关系为较强互补型；当 $-0.5 < D'_i \leq 0.5$ 时，两城市间的地缘经济关系为竞争与互补不确定型；当 $-1.0 < D'_i \leq -0.5$ 时，两城市间的地缘经济关系为较强竞争型；当 $D'_i \leq -1.0$ 时，两城市间的地缘经济关系为强竞争型。

表5-12 2007~2012年天山北坡城市群以乌鲁木齐市为中心的欧氏距离动态变化

年份 城市组合	2007	2008	2009	2010	2011	2012
乌鲁木齐市—克拉玛依市	0.026	-1.381	-1.743	-1.658	-1.294	-1.332
乌鲁木齐市—石河子市	0.978	0.671	-0.245	-0.027	-0.669	-0.915
乌鲁木齐市—吐鲁番市	-0.770	-0.795	-0.835	-0.863	-0.522	-0.229
乌鲁木齐市—鄯善县	-1.126	-0.861	-0.251	-0.876	-0.967	-0.942
乌鲁木齐市—托克逊县	-0.359	0.010	0.350	-0.077	-0.349	-0.431
乌鲁木齐市—昌吉市	-1.091	-0.965	-1.124	-1.196	-0.792	-0.857
乌鲁木齐市—阜康市	-1.126	-1.030	-0.983	-0.808	-0.511	-0.451
乌鲁木齐市—呼图壁县	0.228	0.632	0.785	0.553	0.683	0.506
乌鲁木齐市—玛纳斯县	0.317	0.658	0.885	0.712	0.478	0.742
乌鲁木齐市—奇台县	1.287	2.356	2.211	1.563	1.055	0.961
乌鲁木齐市—吉木萨尔县	0.535	0.888	0.577	1.332	1.863	1.786
乌鲁木齐市—奎屯市	-1.193	-0.890	-0.724	-0.345	-0.909	-0.729
乌鲁木齐市—乌苏市	0.041	0.175	0.399	0.112	0.049	-0.076
乌鲁木齐市—沙湾县	2.252	0.533	0.698	1.577	1.885	1.967

表 5 – 13　2012 年天山北坡城市群以乌鲁木齐市为中心的各指标欧氏距离标准化值

城市组合	d_x（资本转换效率）	d_y（劳动效率）	d_z（资源及产品外向流动性）
乌鲁木齐市—克拉玛依市	– 0.624	– 1.388	– 0.938
乌鲁木齐市—石河子市	– 0.066	– 1.162	– 0.874
乌鲁木齐市—吐鲁番市	– 0.441	– 0.068	0.101
乌鲁木齐市—鄯善县	– 0.244	– 0.952	– 0.846
乌鲁木齐市—托克逊县	0.158	– 0.356	– 0.567
乌鲁木齐市—昌吉市	– 0.571	– 0.695	– 0.623
乌鲁木齐市—阜康市	0.075	– 0.332	– 0.553
乌鲁木齐市—呼图壁县	– 0.416	0.917	0.634
乌鲁木齐市—玛纳斯县	– 0.614	1.230	0.830
乌鲁木齐市—奇台县	0.498	1.236	0.976
乌鲁木齐市—吉木萨尔县	3.357	0.484	0.074
乌鲁木齐市—奎屯市	0.215	– 1.166	– 0.864
乌鲁木齐市—乌苏市	– 0.621	0.390	– 0.142
乌鲁木齐市—沙湾县	– 0.705	1.861	2.793

根据表 5 – 12 和表 5 – 13，逐个分析城市群内各城市与乌鲁木齐之间的地缘经济联系，具体如下：

（1）乌鲁木齐市—克拉玛依市。2007 年两市的地缘经济关系是竞争与互补不确定型，2008～2012 年两市之间一直维持着强竞争关系。2012 年两市在资本转换效率、资源及产品外向流动上具有较强竞争性，在劳动效率上有强竞争性。乌鲁木齐市作为新疆首府，是全疆的经济中心，对各种资源、资本、人才等都有很强的聚集作用，克拉玛依市工业和服务业发展迅速，劳动效率高，资源及工业产品外向流动性强，两城市之间总体竞争较强。

（2）乌鲁木齐市—石河子市。2007～2012 年，石河子市与乌鲁木齐市的地缘经济联系由较强互补型向竞争与互补不确定型转变，再到较强竞争型。特别是近年来，石河子市经济开始转型，发展势头较为强劲，与乌鲁木齐市各方面竞争都在逐渐增强，2012 年两市在劳动效率方面存在着强竞争关系，在资源及产品的外向流动上也有较强竞争，在资本转换效率上则是竞争与互补不确定型。

（3）乌鲁木齐市—吐鲁番市。吐鲁番市与乌鲁木齐市的整体竞争性较强，且呈现先上升后下降的趋势，两市的欧氏距离从 2007 年的 – 0.770 到 2010 年的 – 0.863，再到 2012 年的 – 0.229。2012 年两市整体地缘经济联系是竞争与互补不确定型，具体表现在资本转换效率、劳动效率方面竞争较弱，在资源及产品外向流动方面互补也较弱。

（4）乌鲁木齐市—鄯善县。除了 2009 年两市竞争力较弱，其余年份鄯善县与乌鲁木齐市总体上是较强竞争关系。2012 年，两市在劳动效率和资源及产品外向流动上具有较强竞争性，但在资本转换效率上是竞争与互补不确定型。

（5）乌鲁木齐市—托克逊县。在 2007～2012 年的 6 年间，两市基本都是竞争与互补不确定型的关系，先由弱竞争到弱互补再到弱竞争，在 2012 年的三个综合指标上，资本转换效率是弱互补，劳动效率是弱竞争，资源及产品的外向流动是较强竞争。

（6）乌鲁木齐市—昌吉市。2007 年、2009 年和 2010 年两市是强竞争关系，2011～2012 年两市由强竞争关系转变为较强竞争关系。由于空间距离较近，凭借中心城市乌鲁木齐的经济带动作用和聚集效应，昌吉市有足够的资源和资本发展自身经济，并与乌鲁木齐市形成较强的竞争关系。

（7）乌鲁木齐市—阜康市。2007～2012 年 6 年间，两市的竞争性关系逐年减弱，欧氏距离由 2007 年的 -1.126 到 2010 年的 -0.808，再到 2012 年的 -0.451。2012 年，两市除在资源及产品外向流动方面存在较强竞争外，其他两个方面关系并不明显。

（8）乌鲁木齐市—呼图壁县。2007～2012 年两市总体上是互补关系。2012 年，两市在劳动效率和资源及产品的流动上显示出较强互补性，而在资本转换效率上竞争较弱。

（9）乌鲁木齐市—玛纳斯县。玛纳斯县在地缘经济关系上与乌鲁木齐市总体具有较强互补性。2012 年，两市在劳动效率上具有强互补性，在资源及产品的流动上有较强互补性，在资本转换率上具有较强的竞争性。

（10）乌鲁木齐市—奇台县。2007～2008 年，两市的互补性大幅增强，2008～2012 年，两市的互补性下降，到 2012 年由强互补下降到较强互补的关系，具体表现为在劳动效率上具有强互补性，在资源及产品的流动上有较强互补性，在资本转换率上有较弱的互补性。与呼图壁县、玛纳斯县一样，三个县市与乌鲁木齐市在劳动效率和资源及产品的流动上具有较强互补性，它们的共同点是农业在经济总量中比值较高，能向工业较为发达的乌鲁木齐市输出农产品，同时乌鲁木齐市向它们输出工业产品。

（11）乌鲁木齐市—吉木萨尔县。2007～2010 年吉木萨尔县与乌鲁木齐市的地缘经济关系是较强互补性，2010～2012 年的关系是强互补性，且互补性有上升趋势。2012 年，两市间在劳动效率和资源及产品流动上互补性较弱，但在资本转换率上互补性很强。吉木萨尔县发展起步较晚，但发展迅速，大量的资本投入以及较高的资本转化率使得吉木萨尔县与乌鲁木齐市在资本转化率方面形成了较强的潜在的竞争力。

（12）乌鲁木齐市—奎屯市。2007～2010年，奎屯市与乌鲁木齐市的竞争性不断减弱，欧氏距离从2007年的－1.193到2010年的－0.345，从强竞争变为弱竞争；但2010～2012年，又从弱竞争转变为较强竞争。2012年，两市在劳动效率上是强竞争关系，在资源与产品的外向流动上是较强竞争关系，在资本转换效率上关系不明显。

（13）乌鲁木齐市—乌苏市。2007～2012年，乌苏市与乌鲁木齐市的总体关系是竞争与互补不确定型。2012年，两市除在资本转换率上有较强竞争力外，其他两方面关系不明显。

（14）乌鲁木齐市—沙湾县。除2008年、2009年两市的地缘经济联系是较强互补型外，其他几年均是强互补型。总的来说，沙湾县与乌鲁木齐市是强互补型关系。2012年，两市在劳动效率和资源及产品的流动上具有强互补性，在资本转换率上有较强竞争性。沙湾县的第一产业产值在其地区生产总值里占52.66%，在天山北坡城市群各县市中比例是最高的，其劳动效率较低、农产品输出能力较强，因此，在劳动效率与产品输出方面与乌鲁木齐市形成较强的互补关系。

4. 经济联系与地缘关系匹配性分析

结合经济联系强度的类型，根据地缘经济联系和经济联系量的匹配性对天山北坡城市群中乌鲁木齐市与其他城市之间的匹配类型进行分类：经济联系水平高（强、较强），地缘经济关系为竞争型（强、较强）的城市，属于调整战略型；经济联系水平高（强、较强），地缘经济关系为互补型（强、较强）的城市，属于深化合作型；经济联系水平高（强、较强），地缘经济关系为竞争与互补不确定型的城市，属于调整战略型；经济联系水平不高（一般、弱、较弱），地缘经济关系为竞争型（强、较强）的城市，属于加强合作、调整战略型；经济联系水平不高（一般、弱、较弱），地缘经济关系为互补型（强、较强）的城市，属于强化合作型；经济联系水平不高（一般、弱、较弱），地缘经济关系为竞争与互补不确定型的城市，属于加强合作、增强互补型。匹配结果如表5-14所示。

表5-14　2012年天山北坡城市群中心城市的经济联系与地缘经济关系匹配表

城市组合	D'_i	地缘经济关系	R_{ij}	经济联系类型	匹配类型
乌鲁木齐市—克拉玛依市	－1.332	强竞争	0.966	一般	加强合作、调整战略型
乌鲁木齐市—石河子市	－0.915	较强竞争	2.965	较强	调整战略型
乌鲁木齐市—吐鲁番市	－0.229	竞争与互补不确定	0.661	一般	加强合作、增强互补型

城市组合	D'_i	地缘经济关系	R_{ij}	经济联系类型	匹配类型
乌鲁木齐市—鄯善县	−0.942	较强竞争	0.233	弱	加强合作、调整战略型
乌鲁木齐市—托克逊县	−0.431	竞争与互补不确定	0.261	弱	加强合作、增强互补型
乌鲁木齐市—昌吉市	−0.857	较强竞争	36.669	强	调整战略型
乌鲁木齐市—阜康市	−0.451	竞争与互补不确定	5.824	强	调整战略型
乌鲁木齐市—呼图壁县	0.506	较强互补	4.073	强	深化合作型
乌鲁木齐市—玛纳斯县	0.742	较强互补	1.125	较强	深化合作型
乌鲁木齐市—奇台县	0.961	较强互补	0.431	较强	强化合作型
乌鲁木齐市—吉木萨尔县	1.786	强互补	0.361	较弱	强化合作型
乌鲁木齐市—奎屯市	−0.729	较强竞争	0.559	一般	加强合作、调整战略型
乌鲁木齐市—乌苏市	−0.076	竞争与互补不确定	0.320	较弱	加强合作、增强互补型
乌鲁木齐市—沙湾县	1.967	强互补	0.804	一般	强化合作型

从表 5-14 中可以看到，以乌鲁木齐市为中心，它与石河子市、昌吉市、阜康市三个城市之间属于调整战略型，城市之间经济联系较强，但是需要调整地缘经济关系，增强互补；与克拉玛依市、鄯善县、奎屯市属于加强合作、调整战略型，城市之间存在较强竞争关系，但是经济联系一般，需要增进互补性，加强具有较高经济联系领域的合作；与吐鲁番市、托克逊县、乌苏市属于加强合作、强化互补型，城市之间经济联系不强，地缘经济关系不确定，不仅需要加强城市间的经济联系与合作，还要增进城市间的互补性；与奇台县、吉木萨尔县、沙湾县属于强化合作型，城市之间互补性较强，有较强的合作潜力，但经济联系不强，需要加强合作；与呼图壁县、玛纳斯县属于深化合作型，城市之间的经济联系较强，且地缘经济关系都为较强互补性，要进一步加强合作，共同发展。

第四节　新疆绿洲城市群发育现状分析

一、城市群发育空间差异性分析

在国家新型城镇化战略和区域协调发展战略实施及政策扶持背景下，新疆的绿洲城市和绿洲城市群发展取得了显著的成效，但是因为新疆区域发展不均衡，特别是新型城镇化发展水平差异巨大,不同城市群所处的发展阶段也各不相同,其在空间差异和城镇化发展综合水平上也存在着明显的不同,在四个绿洲城市群中,天山北坡城市群、天山南坡城市群、伊犁河谷城市群和大喀什城市群由于各个城市群所处的空间位置、组合规模、经济与交通区位、自然条件、资源基础以及区域经济社会发展基础、发展潜力与前景各不相同,而且受到区域内外影响的程度也各不相同,因而存在着很大的空间差异性。客观认识这些差异性,有助于因地制宜地指导不同规模和不同发育阶段的城市群健康持续发展。

1. 城市群经济总量的空间差异分析

选取地区生产总值、第一产业生产总值、第二产业生产总值、工业生产总值、第三产业生产总值、城镇固定资产投资、粮食总产量、社会消费品零售总额、地方财政一般预算收入共 9 项指标反映绿洲城市群经济发展的总量(见表5－15)。进行汇总分析,结果显示:

表5－15　绿洲城市群经济总量指标比较分析表 (2012 年)

指标＼地区	天山北坡城市群	伊犁河谷城市群	天山南坡城市群	大喀什城市群	全疆
地区生产总值(亿元)	4417.47	478.50	1347.27	572.24	7505.31
第一产业生产总值(亿元)	404.08	131.16	258.24	184.87	1320.57
第二产业生产总值(亿元)	2324.05	147.62	726.14	159.45	3481.56
工业生产总值(亿元)	2041.04	103.37	614.28	90.84	2850.06
第三产业生产总值(亿元)	1689.34	199.72	362.89	227.92	2703.18
城镇固定资产投资(亿元)	2181.58	341.02	773.62	535.12	4987.71
粮食总产量(万吨)	224.34	254.63	208.81	307.23	1259.83
社会消费品零售总额(亿元)	1073.36	117.71	162.68	121.33	1798.99
地方财政一般预算收入(亿元)	584.95	100.27	126.88	44.22	908.97

(1)地区生产总值。2012 年天山北坡城市群的地区生产总值为 4417.47 亿元,其次是天山南坡城市群 1347.27 亿元,大喀什城市群和伊犁河谷城市群分别为 572.24 亿元和 478.50 亿元。其中天山北坡城市群的地区生产总值为伊犁河谷城市群的 9.23 倍。

(2)三次产业生产总值。其中,2012 年各城市群的第一产业生产总值依次为天山北坡城市群(404.08 亿元)、天山南坡城市群(258.24 亿元)、大喀什城市群(184.87 亿元)和伊犁河谷城市群(131.16 亿元)。第二产业生产总值依次为天山北坡城市群（2324.05 亿元）、天山南坡城市群（726.14 亿元）、大喀什城市群（159.45 亿元）和伊犁河谷城市群（147.62 亿元）。第三产业生产总值依次为天山北坡城市群（1689.34 亿元）、天山南坡城市群（362.89 亿元）、大喀什城市群（227.92 亿元）和伊犁河谷城市群（199.72 亿元）。三次产业的生产总值都是天山北坡城市群最高而伊犁河谷城市群最低，其中，第一产业总产值是 3.08 倍，第二产业总产值是 15.74 倍，第三产业产值是 8.46 倍。虽然伊犁河谷和大喀什城市群的第一产业产值排名靠后，但从城市群区域的粮食总产量来说，2012 年，大喀什城市群达到了 307.23 万吨，伊犁河谷城市群为 254.63 万吨，比天山北坡城市群的 224.34 万吨和天山南坡城市群的 208.81 万吨都要高。

（3）城市群社会消费品零售总额。2012 年，四个城市群的顺序依次为天山北坡城市群（1073.36 亿元）、天山南坡城市群（162.68 亿元）、大喀什城市群（121.33 亿元）和伊犁河谷城市群（117.71 亿元），其中最多的天山北坡城市群是最少的伊犁河谷城市群的 9.12 倍。

（4）地方财政一般预算收入。财政收入也是反映区域综合经济实力的重要指标，与地区生产总值和三次产业产值基本一致。2012 年，地方财政一般预算收入的排序依次为天山北坡城市群（584.95 亿元）、天山南坡城市群（126.88 亿元）、伊犁河谷城市群（100.27 亿元）和大喀什城市群（44.22 亿元），比较特殊的是大喀什城市群，其经济总量和三次产业产值虽较伊犁河谷城市群高，但其一般财政预算收入却是最低的。

2. 经济发展贡献及经济地位的空间差异分析

采用城市群地区生产总值、第一产业生产总值、第二产业生产总值、第三产业生产总值、工业生产总值、城镇固定资产投资、粮食总产量、社会消费品零售总额和地方财政一般预算收入占自治区各项总量的比例共 9 项指标反映绿洲城市群经济发展在自治区的地位（表 5-16）。2012 年绿洲城市群的地区生产总值占自治区的 90.81%，第一产业生产总值占自治区的 74.09%，第二产业生产总值占自治区的 96.43%，工业生产总值占自治区的 99.98%，第三产业生产总值占自治区的 91.74%，城镇固定资产投资占自治区的 76.82%，粮食总产量占自治区的 83.95%，社会消费品零售总额占自治区的 81.99%，地方财政一般预算收入占自治区的 94.21%。

（1）天山北坡城市群。天山北坡城市群以占自治区 10.82% 的面积，承载了自治区 28.05% 的人口、41.03% 的城镇人口和 43.74% 的城镇固定资产投资，产出了占自治区 58.86% 的 GDP、71.61% 的工业生产总值、59.66% 的社会消费品零售总额、64.35% 的地方财政一般预算收入，当之无愧是对自治区经济发展贡献最大的城市群区域。

表 5 – 16　绿洲城市群在自治区经济发展中的地位比较分析表（2012 年）

单位:%

指标 ＼ 地区	天山北坡城市群	伊犁河谷城市群	天山南坡城市群	大喀什城市群	合计
地区生产总值	58.86	6.38	17.95	7.62	90.81
第一产业生产总值	30.60	9.93	19.56	14.00	74.09
第二产业生产总值	66.75	4.24	20.86	4.58	96.43
工业生产总值	71.61	3.63	21.55	3.19	99.98
第三产业生产总值	62.49	7.39	13.42	8.43	91.74
城镇固定资产投资	43.74	6.84	15.51	10.73	76.82
粮食总产量	17.81	20.21	16.57	24.39	83.95
社会消费品零售总额	59.66	6.54	9.04	6.74	81.99
地方财政一般预算收入	64.35	11.03	13.96	4.86	94.21

（2）天山南坡城市群。天山南坡城市群以占自治区 15.96% 的面积，承载了自治区 17.29% 的人口、19.57% 的城镇人口和 15.51% 的城镇固定资产投资，产出了占自治区 17.95% 的 GDP、21.55% 的工业生产总值、9.04% 的社会消费品零售总额和 13.96% 的地方财政一般预算收入，在自治区经济发展中占据十分重要的地位，而且未来发展的潜力更加突出。

（3）大喀什城市群。大喀什城市群以占自治区 11.97% 的面积，承载了自治区 21.63% 的人口、13.38% 的城镇人口和 10.73% 的城镇固定资产投资，产出了占自治区 7.62% 的 GDP、3.19% 的工业生产总值、6.74% 的社会消费品零售总额和 4.86% 的地方财政一般预算收入，特别是大喀什城市群以不足 12% 的土地面积，产出了全疆近 1/4 的粮食对于保障自治区的粮食安全具有重要贡献。

（4）伊犁河谷城市群。伊犁河谷城市群面积占自治区总面积的 3.32%，承载了自治区 12.60% 的人口、8.94% 的城镇人口和 6.84% 的城镇固定资产投资，产出了占自治区 6.38% 的 GDP、3.63% 的工业生产总值、6.54% 的社会消费品零售总额和 11.03% 的地方财政一般预算收入。

天山北坡城市群和天山南坡城市群在自治区经济发展中做出了突出的贡献，相比较天山北坡城市群和天山南坡城市群而言，大喀什城市群和伊犁河谷城市群对于自治区经济发展的贡献地位较弱。

3. 经济结构的空间差异分析

从城市群经济结构分析，2012 年四个绿洲城市群的平均三次产业构成比例为 14.35:49.26:36.39，与自治区同期产业结构比例 17.60:46.40:36.00 相比，城市群第一产业比例低于自治区 3.25 个百分点，而第二产业和第三产业比例分别高于自治区 2.86 个百分点和 0.39 个百分点，说明绿洲城市群地区经济结构正在向着高级化方向优化演进。具体到每个城市群来说，在经济结构上也存在着比较明显的空间差异（见表 5 - 17）。

表 5 - 17　绿洲城市群地区经济结构的差异比较分析（2012 年）

指标 地区	第一产业 生产总值比例（％）	第二产业 生产总值比例（％）	第三产业 生产总值比例（％）
天山北坡城市群	9.15	52.61	38.24
伊犁河谷城市群	27.41	30.85	41.74
天山南坡城市群	19.17	53.90	26.94
大喀什城市群	32.31	27.86	39.83
全疆	17.60	46.40	36.00

（1）天山北坡城市群和天山南坡城市群表现为"二三一"的经济结构，第二产业生产总值比例均在 50％ 以上，高于自治区同期平均水平，是明显的工业主导型城市群，其原因主要在于这两个城市群是目前新疆经济最发达区域，第二、第三产业在该区域的集聚程度远远高于其他区域。另外，虽然第一产业在这两个城市群生产总值中所占比例较低，但是其产业化程度和产业发展质量也是要明显优于其他两个城市群的。

（2）伊犁河谷城市群表现为"三二一"的经济结构，虽然从比例来看，"三二一"的结构似乎更加合理，但从伊犁河谷城市群的发展实际来说，却更多体现的是区域发展水平相对滞后的现状。因为在伊犁河谷城市群区域，第三产业生产总值比例较高的原因主要是因为第二产业对区域地区生产总值的贡献非常有限，比例要低于自治区平均水平 15.54 个百分点。

（3）大喀什城市群表现为"三一二"的经济结构，该城市群区域仍是新疆传统的粮食主产区，工业和现代服务业发展严重滞后，所以第一产业生产总值比例高达 32.31％，第二产业仅占 27.86％，三次产业生产总值构成基本是三分天下，也反映出目前大喀什城市群还缺乏真正的主导产业，城市群发育正处于初级阶段。

4. 城镇化水平与生活质量的空间差异分析

从城镇化水平来看，2012 年，新疆四个绿洲城市群的平均城镇化水平（以非农人口比重计算）为 43.90％，基本与全疆平均水平持平。具体到每个城市群地区，其城镇化水平则差距较大，按照由高到低的顺序，依次为天山北坡城市群

（66.04%）、天山南坡城市群（38.83%）、伊犁河谷城市群（33.17%）和大喀什城市群（25.51%）。其中，天山北坡城市群的城镇化水平要比大喀什城市群高出 40.53 个百分点。当然除天山北坡城市群外，其他三个城市群的城镇化水平还明显低于全疆平均水平，区域中心城市的集聚辐射作用还未得到充分发挥，新型城镇化建设发展的任务还非常艰巨。

二、绿洲城市群城镇化水平的综合测度与分析

城镇化发展水平的提高主要包括人口增长、经济发展、空间扩张和生活水平四个方面。其中经济发展是基础，人口增长和地域扩张是表现，生活水平提高是最终目标。为了对不同城市群及其区域内城市的城镇化水平进行综合的测度和分析，本书采用熵技术下的 AHP 分析法。

1. 方法介绍

在信息论中，熵是对不确定性的一种度量。综合指标体系的测度中使用熵值法确定权重，以消除确定权重的人为主观因素。实际应用中，由于各指标的量纲、数量级均有差异，需对初始数据做标准化处理。

正向指标的计算：$X'_{ij} = (X_{ij} - \min\{X_j\}) / (\max\{X_j\} - \min\{X_j\})$

逆向指标的计算：$X'_{ij} = (\max\{X_j\} - X_{ij}) / (\max\{X_j\} - \min\{X_j\})$

计算第 i 年份第 j 项指标值的比重：$Y_{ij} = X'_{ij} / \sum_{i=1}^{m} X'_{ij}$

指标信息熵的计算：$e_j = -k \sum_{i=1}^{m} (Y_{ij} \times \ln Y_{ij})$，令 $k = \dfrac{1}{\ln m}$，有 $0 \leq e_j \leq 1$。

指标权重的计算：$w_i = (1 - e_j) / \sum_{j=1}^{n} (1 - e_j)$

第 i 年份的综合评价得分：$S_i = \sum_{j}^{n} w_i \times X'_{ij}$

式中，X_{ij} 表示第 i 年份第 j 项指标值的数值，$\max\{X_j\}$ 和 $\min\{X_j\}$ 分别为所有年份第 j 项评价指标的最大值和最小值，其中 m 为评价年份数，n 为指标个数。

测度指标体系是评价城镇化系统和生态环境系统相互作用的基础，在遵循科学性、可操作性、完备性、动态性和独立性等原则的基础上，分别采用频度统计法、理论分析法、专家咨询法对指标进行设置和筛选。从人口、经济、空间、社会四个子系统构建城镇化水平的综合指标评价体系。

2. 绿洲城市群城镇化水平综合评价分析

从城市群城镇化水平的人口、经济、空间和社会等多个方面出发，本书选取城镇人口规模（万人）、非农业人口比重（%）、人均 GDP（元）、非农产业产值比重（%）、建成区面积（平方千米）、人均拥有实际铺设道路面积（平方米/

人）、人均社会消费品零售总额（元/人）7 项指标，分别利用 2005 年和 2012 年的数据进行分析计算（见表 5-18 和表 5-19），比较各城市群城镇化综合水平发展情况。

表 5-18 绿洲城市群各城市城镇化水平综合评价指标体系（2005 年）

指标 城市	城镇人口 规模（万人）	非农业人口 比重（%）	人均 GDP （元）	非农产业产值 比重（%）	建成区面积 （平方千米）	人均拥有实际 铺设道路面积 （平方米/人）	人均社会消 费品零售总 额（元/人）
乌鲁木齐市	189.07	78.01	28972.48	98.54	176.43	6.80	11483.29
克拉玛依市	25.51	97.53	151205.6	99.59	47.67	20.11	7255.51
石河子市	64.16	80.05	8376.79	90.58	25.41	19.25	2803.46
吐鲁番市	26.03	30.77	9604.53	77.72	8.62	17.81	2724.94
鄯善县	13.52	24.05	39955.55	94.82	11.12	38.63	1898.19
托克逊县	2.16	25.84	8604.44	74.46	5.47	20.37	5149.21
昌吉市	40.32	69.37	18909.00	81.73	32.36	7.84	4000.56
阜康市	15.96	58.58	22026.00	86.29	6.29	21.72	3826.86
米泉市①	18.80	49.20	16508.30	84.29	12.00	12.27	2743.38
呼图壁县	18.00	61.95	15209.02	51.69	7.11	32.13	3489.81
玛纳斯县	10.14	44.37	24269.95	47.21	9.45	20.73	2338.66
奇台县	12.29	38.22	8274.08	48.42	10.37	12.52	1931.39
吉木萨县	6.70	36.99	8364.35	49.30	6.82	12.58	2235.92
奎屯市	30.21	92.78	9554.05	94.87	24.56	13.59	2112.28
乌苏市	20.84	35.17	17896.98	53.30	15.00	18.93	2320.51
沙湾县	17.34	62.23	25571.08	56.82	15.58	9.55	2320.51
五家渠市	—	—	—	—	—	—	—
伊宁市	43.28	66.04	9515.50	92.35	29.12	12.74	3508.96
伊宁县	5.12	16.72	5170.13	62.62	7.61	13.07	1113.85
察布查尔县	3.18	33.64	4928.84	51.62	5.56	23.18	433.35
霍城县	17.57	40.43	5482.64	55.81	8.09	7.77	1317.26
巩留县	2.88	23.75	4867.70	59.72	8.03	15.10	1090.02
新源县	16.52	26.97	7718.63	67.30	9.50	8.55	2038.77
昭苏县	2.52	40.61	5442.89	51.81	6.30	24.62	1046.91
特克斯县	3.43	29.62	3948.46	53.99	4.66	11.35	1686.94
尼勒克县	3.16	27.82	4438.42	61.81	8.50	15.38	1319.79

① 2007 年，经国务院批准撤销米泉市和乌鲁木齐市东山区，设立乌鲁木齐市米东区。

续表

指标 城市	城镇人口 规模（万人）	非农业人口 比重（%）	人均 GDP （元）	非农产业产值 比重（%）	建成区面积 （平方千米）	人均拥有实际 铺设道路面积 （平方米/人）	人均社会消 费品零售总 额（元/人）
库尔勒市	43.80	63.63	55434.52	94.15	43.00	20.42	5637.90
轮台县	4.33	26.30	13995.21	69.18	4.09	50.07	1497.96
尉犁县	2.12	51.25	13807.47	36.44	2.45	30.53	577.58
焉耆县	7.34	42.44	10665.40	67.90	4.66	22.82	1621.85
和静县	9.08	45.65	9981.33	63.41	8.26	16.77	636.12
和硕县	1.34	47.65	10611.00	50.37	4.29	33.43	1032.11
博湖县	2.36	29.27	9685.54	52.79	1.70	15.20	1881.53
阿克苏市	58.28	58.61	8602.02	77.63	28.10	14.96	2948.47
温宿县	12.47	27.76	5693.37	44.70	5.16	21.32	893.72
库车县	29.93	26.26	7084.90	75.47	25.86	16.24	1397.90
沙雅县	15.23	21.14	5283.06	46.75	5.37	20.10	1418.63
新和县	4.35	18.93	5223.47	36.42	4.31	26.85	1248.30
拜城县	7.71	19.95	6170.44	69.79	4.84	23.33	1434.18
乌什县	2.64	16.81	3620.17	50.42	3.37	18.62	384.56
阿瓦提县	10.55	21.59	6869.95	44.84	4.22	18.31	1005.44
柯坪县	0.70	23.09	4874.36	73.07	1.64	22.73	720.79
阿拉尔市	—	—	—	—	—	—	—
阿图什市	21.30	32.02	4315.40	71.57	19.37	21.10	1119.39
阿克陶县	3.27	14.04	2529.19	62.30	4.07	17.37	404.57
乌恰县	1.58	46.90	4697.22	76.17	3.71	26.60	798.50
喀什市	42.13	58.51	7617.56	91.61	26.00	9.26	3473.75
疏附县	2.88	9.42	2771.98	42.22	3.91	17.36	136.87
疏勒县	8.67	14.15	2867.37	47.52	6.51	10.73	551.54
英吉沙县	2.49	15.09	2898.21	41.53	4.09	7.45	428.97
泽普县	5.21	31.33	4835.09	63.17	3.35	14.04	717.49
莎车县	29.79	15.50	2448.54	44.07	14.50	17.06	490.90
叶城县	10.25	18.29	2692.20	37.30	10.85	7.45	619.75
麦盖提县	2.97	30.61	3285.44	34.79	1.82	9.90	682.85
岳普湖县	3.71	16.78	3185.45	56.09	3.25	6.48	626.64
伽师县	3.97	11.40	3261.88	34.18	9.32	16.77	298.30

续表

指标 / 城市	城镇人口规模（万人）	非农业人口比重（%）	人均GDP（元）	非农产业产值比重（%）	建成区面积（平方千米）	人均拥有实际铺设道路面积（平方米/人）	人均社会消费品零售总额（元/人）
巴楚县	10.81	43.77	3152.54	50.82	4.19	10.70	565.32
塔什库尔干县	1.12	33.33	5808.33	83.55	1.87	186.81	1132.74
图木舒克市	—	—	—	—	—	—	—

注：五家渠市、阿拉尔市、图木舒克市是2004年正式挂牌的自治区直辖市，缺少2005年完整数据。

表5-19　绿洲城市群各城市城镇化水平综合评价指标体系（2012年）

指标 / 城市	城镇人口规模（万人）	非农业人口比重（%）	人均GDP（元）	非农产业产值比重（%）	建成区面积（平方千米）	人均拥有实际铺设道路面积（平方米/人）	人均社会消费品零售总额（元/人）
乌鲁木齐市	257.8	72.17	77646.96	98.75	368.40	7.45	28692.40
克拉玛依市	28.58	98.71	283661.79	99.43	57.13	24.07	16796.33
石河子市	62.00	91.85	33579.58	94.54	29.95	28.09	10483.87
吐鲁番市	27.58	30.42	23121.68	77.46	21.58	25.71	5948.26
鄯善县	23.13	26.29	60888.15	91.26	34.26	36.23	4150.76
托克逊县	11.82	29.78	33884.60	81.96	10.00	17.47	2872.67
昌吉市	37.04	63.58	70291.82	87.25	50.33	13.38	17470.90
阜康市	16.86	56.94	70516.13	81.59	10.35	16.70	12740.98
呼图壁县	21.73	57.20	49179.98	62.08	10.10	28.88	8404.00
玛纳斯县	17.49	43.00	76511.38	57.20	13.75	30.67	11477.99
奇台县	24.05	37.01	35441.21	57.10	30.00	16.63	7316.67
吉木萨县	14.09	33.00	34159.05	68.84	6.89	13.00	5993.26
奎屯市	30.44	90.28	34810.97	94.60	24.56	15.06	6111.01
乌苏市	22.89	35.39	67041.85	70.31	18.50	17.57	4569.33
沙湾县	21.64	62.01	64441.96	47.34	15.31	10.69	5375.60
五家渠市	9.07	95.48	—	98.75	14.16	22.26	—
伊宁市	51.53	66.91	26546.96	95.35	36.95	18.89	9946.28
伊宁县	8.83	16.31	12487.85	60.32	8.05	16.42	2448.89
察布查尔县	6.52	33.35	16868.40	51.87	6.20	20.61	1188.68

续表

指标 城市	城镇人口 规模（万人）	非农业人口 比重（%）	人均 GDP （元）	非农产业产值 比重（%）	建成区面积 （平方千米）	人均拥有实际 铺设道路面积 （平方米/人）	人均社会消 费品零售总 额（元/人）
霍城县	21.58	37.18	18110.72	66.10	8.37	8.48	3682.28
巩留县	3.99	10.61	7241.63	63.99	9.40	11.73	1101.21
新源县	20.99	28.16	22197.85	70.28	9.14	14.46	5651.77
昭苏县	5.84	37.81	15648.33	54.38	9.58	15.45	2092.49
特克斯县	4.18	28.16	9910.06	54.95	7.74	15.33	3989.47
尼勒克县	4.12	26.97	19100.75	71.26	7.90	23.45	2967.26
库尔勒市	55.15	62.92	107237.48	94.01	68.09	27.11	10838.95
轮台县	7.00	24.68	40048.75	65.15	7.70	25.22	2983.92
尉犁县	6.21	49.64	36066.82	46.17	2.57	21.93	1433.00
焉耆县	12.43	35.36	27885.64	73.20	9.95	11.38	3324.83
和静县	17.88	42.49	32919.68	72.29	14.55	10.15	1583.36
和硕县	4.05	41.32	29815.23	37.97	4.29	29.81	1917.35
博湖县	3.18	30.67	29364.76	55.94	2.70	21.91	3554.81
阿克苏市	49.5	54.79	32835.07	80.89	28.10	12.91	9600.08
温宿县	16.41	28.92	19043.17	53.84	6.04	21.76	2078.43
库车县	33.56	35.68	27555.21	86.40	27.35	17.26	2727.73
沙雅县	18.82	21.70	14932.05	67.96	7.20	26.71	2583.52
新和县	5.4	20.28	14604.45	60.60	7.80	11.62	1682.90
拜城县	8.82	22.04	18571.80	80.36	7.20	17.36	2272.62
乌什县	7.69	16.91	9748.53	61.30	3.75	23.29	584.24
阿瓦提县	13.68	22.50	17410.58	49.61	4.80	16.14	1409.80
柯坪县	0.94	30.41	13341.13	75.89	2.79	19.43	741.33
阿拉尔市	18.66	61.36	—	—	27.90	29.33	—
阿图什市	25.44	35.50	10994.10	84.07	8.30	21.80	2914.19
阿克陶县	4.27	17.37	7948.85	73.49	6.00	18.43	1169.50
乌恰县	1.88	45.49	18108.86	91.83	4.80	16.72	1778.53
喀什市	48.61	60.13	27157.52	96.06	52.82	18.62	10594.53
疏附县	3.13	10.16	9681.57	43.44	14.00	11.54	355.86

续表

指标 城市	城镇人口 规模（万人）	非农业人口 比重（%）	人均GDP （元）	非农产业产值 比重（%）	建成区面积 （平方千米）	人均拥有实际 铺设道路面积 （平方米/人）	人均社会消 费品零售总 额（元/人）
疏勒县	9.94	12.44	14431.00	66.80	11.50	10.04	1576.33
英吉沙县	4.05	14.89	7350.46	56.60	9.26	13.73	1194.81
泽普县	5.89	29.49	14496.92	66.61	6.98	17.00	1773.35
莎车县	33.18	16.32	7225.14	46.69	27.58	10.51	1338.34
叶城县	7.73	18.95	10651.60	47.14	19.80	7.75	1866.25
麦盖提县	6.99	30.54	9592.00	45.57	10.90	11.08	2742.19
岳普湖县	4.70	21.68	12780.71	66.20	6.80	16.07	1520.39
伽师县	4.67	11.95	10992.11	56.54	11.93	8.21	1362.08
巴楚县	13.08	21.42	13185.20	62.35	22.50	11.40	2709.79
塔什库县	1.50	30.43	18201.02	85.32	3.86	31.71	2933.76
图木舒克市	15.96	84.90	—	—	8.08	47.56	—

注：由于统计口径原因，新疆维吾尔自治区直辖的五家渠市、阿拉尔市、图木舒克市三个兵团城市的部分数据无法获得。

分析结果如表5－20所示，2005年城镇化综合水平较高的依次是：乌鲁木齐市（0.707），克拉玛依市（0.475），库尔勒市（0.316），石河子市（0.224），昌吉市（0.219），阿克苏市（0.207），伊宁市（0.202）和喀什市（0.187），上述城市也基本是四个城市群的中心城市。从绿洲城市群整体的城镇化水平综合来看，得分较高的依次是：天山北坡城市群（3.255），天山南坡城市群（1.635），大喀什城市群（1.108）和伊犁河谷城市群（0.782）。综合城镇化水平空间差异非常显著，天山北坡城市群城镇化综合水平超过伊犁河谷城市群3倍多。

表5－20　绿洲城市群各城镇城镇化水平综合排序（2005年）

城市	得分	排序
乌鲁木齐市	0.706991	1
克拉玛依市	0.474673	2
库尔勒市	0.315534	3
石河子市	0.224485	4
昌吉市	0.218904	5

续表

城市	得分	排序
阿克苏市	0.207294	6
伊宁市	0.201822	7
喀什市	0.187016	8
奎屯市	0.178179	9
塔什库尔干县	0.162062	10
鄯善县	0.160485	11
阜康市	0.158387	12
沙湾县	0.151826	13
呼图壁县	0.150882	14
米泉市①	0.139268	15
乌苏市	0.135377	16
库车县	0.132985	17
玛纳斯县	0.128566	18
吐鲁番市	0.126384	19
托克逊县	0.115402	20
阿图什市	0.11121	21
轮台县	0.100654	22
奇台县	0.096954	23
新源县	0.096364	24
焉耆县	0.094023	25
莎车县	0.090881	26
霍城县	0.089228	27
吉木萨尔县	0.088043	28
和静县	0.08677	29
和硕县	0.085457	30
尉犁县	0.081693	31
沙雅县	0.07933	32
拜城县	0.075261	33
温宿县	0.074124	34
昭苏县	0.07384	35
乌恰县	0.073309	36

① 2007 年，经国务院批准撤销米泉市和乌鲁木齐市东山区，设立乌鲁木齐市米东区。

续表

城市	得分	排序
博湖县	0.071735	37
尼勒克县	0.068865	38
阿瓦提县	0.06852	39
巴楚县	0.066293	40
特克斯县	0.064711	41
巩留县	0.063439	42
新和县	0.063315	43
伊宁县	0.062121	44
察布查尔县	0.061792	45
泽普县	0.059653	46
叶城县	0.057723	47
柯坪县	0.054013	48
疏勒县	0.050654	49
伽师县	0.046374	50
麦盖提县	0.04504	51
阿克陶县	0.044366	52
乌什县	0.044325	53
岳普湖县	0.041392	54
英吉沙县	0.035894	55
疏附县	0.035691	56

　　同理，对2012年各城市群上述七个指标进行计算分析（见表5-21），各城市的城镇化综合水平得分总体呈增加趋势，而且城镇化综合水平排序也发生了一定的变化，乌鲁木齐市（0.820）、克拉玛依市（0.421）、库尔勒市（0.277）、石河子市（0.259）和昌吉市（0.245）依然排前五位，但原来第六位的阿克苏市被奎屯市（0.212）取代，并且得分还超过了伊宁市（0.200）和喀什市（0.191）。玛纳斯县和阜康市的城镇化综合水平提升较快，2012年已经跻身四个城市群所有城市的前十位，而且天山北坡城市群内的其他城市的城镇化综合排序也明显上升。从绿洲城市群整体城镇化水平综合得分来看，依然是天山北坡城市群（3.333）最高，天山南坡城市群（1.520）和大喀什城市群（1.056）分列第

二、三位，伊犁河谷城市群（0.833）排名最后。但经过2005～2012年的发展，天山北坡城市群与伊犁河谷城市群在城镇化综合水平上的绝对差距已经略有缩小。当然不同城市群的城镇化水平空间差异仍然十分显著。

表5-21　绿洲城市群各城镇城镇化水平综合排序（2012年）

城市	得分	排序
乌鲁木齐市	0.820245	1
克拉玛依市	0.42095	2
库尔勒市	0.277301	3
石河子市	0.259647	4
昌吉市	0.245083	5
奎屯市	0.212169	6
伊宁市	0.200098	7
喀什市	0.191475	8
玛纳斯县	0.173526	9
阜康市	0.170155	10
鄯善县	0.166709	11
阿克苏市	0.1666	12
呼图壁县	0.152434	13
吐鲁番市	0.136807	14
沙湾县	0.127934	15
乌苏市	0.127082	16
奇台县	0.121399	17
库车县	0.109758	18
托克逊县	0.101927	19
吉木萨尔县	0.097848	20
焉耆县	0.097245	21
新源县	0.09701	22
霍城县	0.087396	23
尉犁县	0.085764	24
轮台县	0.085564	25
和硕县	0.08477	26

续表

城市	得分	排序
和静县	0.084289	27
尼勒克县	0.083953	28
塔什库尔干县	0.081554	29
阿图什市	0.081117	30
昭苏县	0.08029	31
特克斯县	0.077425	32
沙雅县	0.077173	33
博湖县	0.076839	34
巴楚县	0.076726	35
察布查尔县	0.072982	36
莎车县	0.072802	37
拜城县	0.071372	38
伊宁县	0.070459	39
麦盖提县	0.069522	40
温宿县	0.06886	41
乌恰县	0.068373	42
柯坪县	0.06737	43
泽普县	0.067042	44
巩留县	0.063613	45
叶城县	0.063148	46
阿瓦提县	0.059662	47
阿克陶县	0.056073	48
新和县	0.055066	49
乌什县	0.052814	50
疏勒县	0.051497	51
岳普湖县	0.048209	52
伽师县	0.046583	53
英吉沙县	0.042594	54
疏附县	0.039336	55

第五节　新疆绿洲城市群与西部地区其他城市群的比较

随着我国经济社会的快速发展，在西部大开发和新型城镇化战略的深入推进下，西部地区顺应发展需要和城镇化发展的一般规律，也涌现出了很多区域性和地区性城市群，考虑到新疆绿洲城市群发育的程度和发展的阶段，本书选择了西部省区正在培育发展的地区性城市群进行比较，主要包括银川平原城市群、呼包鄂城市群、关中城市群、兰白西城市群、酒嘉玉城市群、黔中城市群和滇中城市群等。

表 5–22　绿洲城市群与西部城市群的对比差异概况（2012 年）

指标 城市群	土地面积 （万平方千米）	总人口 （万人）	地区生产 总值（亿元）	经济密度 （万元/平方千米）	人口密度 （人/平方千米）	社会消费品零售 总额（亿元）
天山北坡城市群	18.02	626.31	4417.47	245.16	34.75	1073.36
伊犁河谷城市群	5.53	281.28	478.50	86.57	50.89	117.71
天山南坡城市群	26.57	386.07	1347.27	50.71	14.53	162.68
大喀什城市群	19.92	482.89	572.24	28.72	24.24	121.33
银川平原城市群	5.19	520.76	2126.52	409.73	100.34	505.58
呼包鄂城市群	13.17	768.46	9324.05	708.02	58.35	2504.6
关中城市群	5.56	2592.39	9231.93	1660.42	466.26	3585.26
兰白西城市群	7.07	1207.97	3223.83	455.99	170.86	1304.25
酒嘉玉城市群	19.69	153.00	977.81	49.66	7.76	177.60
黔中城市群	4.81	1461.21	3668.96	762.78	303.79	1301.67
滇中城市群	9.45	1751.80	5981.50	632.96	185.38	2208.83

根据 2013 年各地的公开统计年鉴数据，将新疆的四个绿洲城市群与西部其他省区的 7 个地区性城市群进行主要指标的比较（见表 5–22）。结果显示：

（1）从土地面积来看：新疆和西部其他城市群的土地面积都相对较大，这与西部地区的城市分布格局有关。对新疆来说，除去伊犁河谷城市群的土地面积较小外，新疆的天山北坡城市群、天山南坡城市群和大喀什城市群土地面积都极为广阔，其中，天山南坡城市群的土地面积（26.57 万平方千米）还是所有城市群中最大的。

（2）从人口规模来看：新疆各城市群的人口总量规模都相对较小，陕西的关中城市群（2592.39万人）、云南的滇中城市群（1751.80万人）、甘肃的兰白西城市群（1207.97万人）、贵州的黔中城市群（1461.21万人）以及内蒙古的呼包鄂城市群（768.46万人）都超过了新疆人口最多的天山北坡城市群（626.31万人）。宁夏的银川平原城市群（520.76万人）与新疆的大喀什城市群（482.89万人）人口规模较为接近。其余只有甘肃的酒嘉玉城市群（153.00万人）的人口规模小于新疆的天山南坡城市群（386.07万人）、伊犁河谷城市群（281.28万人）。总体来看，西部地区的城市群人口总量规模都不大，在人口密度上远远低于东部发达省区，所有上述城市群中只有关中城市群（466.26人/平方千米）、黔中城市群（303.79人/平方千米）、滇中城市群（185.38人/平方千米）、兰白西城市群（170.86人/平方千米）、银川平原城市群（100.34人/平方千米）五个城市群的人口密度超过了100人/平方千米，其余各城市群的人口密度基本都在50人/平方千米左右或以下，新疆的四个城市群中，除伊犁河谷城市群达到50.89人/平方千米外，天山北坡城市群（34.75人/平方千米）、大喀什城市群（24.24人/平方千米）、天山南坡城市群（14.53人/平方千米）都不足50人/平方千米。地广人稀、城市的集聚作用不足是四大城市群普遍面临的问题（见图5-16）。

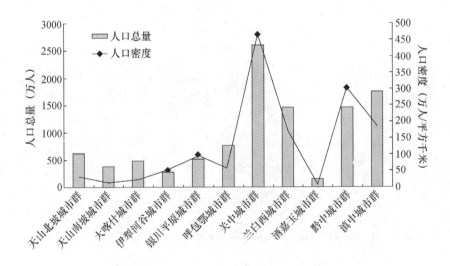

图5-16　新疆绿洲城市群与西部其他城市群人口总量和人口密度比较

（3）从地区生产总值看：西部地区的各城市群也相对较小，其中最大的呼包鄂城市群（9324.68亿元）和关中城市群（9231.93亿元）将近万亿元规模。

滇中城市群（5981.50亿元）、天山北坡城市群（4417.47亿元）在5000亿元左右。黔中城市群（3668.96亿元）、兰白西城市群（3223.83亿元）、银川平原城市群（2126.52亿元）和天山南坡城市群（1347.27亿元）也在1000亿元以上。酒嘉玉城市群（977.81亿元）、大喀什城市群（572.24亿元）和伊犁河谷城市群（478.50亿元）2012年的地区生产总值尚未达到1000亿元。

（4）从经济密度看：西部地区城市群区域的国土面积大但地区生产总值小，因此经济密度也相应较小，其中，关中城市群最大，达到了1660.42万元/平方千米，黔中城市群（762.78万元/平方千米）、呼包鄂城市群（708.02万元/平方千米）、滇中城市群（632.96万元/平方千米）、兰白西城市群（455.99万元/平方千米）、银川平原城市群（409.73万元/平方千米）都在500万元/平方千米左右。新疆的四个城市群中天山北坡城市群的经济密度最大，达到了245.16万元/平方千米，伊犁河谷城市群（86.57万元/平方千米）、天山南坡城市群（50.71万元/平方千米）、大喀什城市群（28.72万元/平方千米）与酒嘉玉城市群（49.66万元/平方千米）一样，经济密度还未达到100万元/平方千米，大喀什城市群最低还不足30万元/平方千米（见图5-17）。

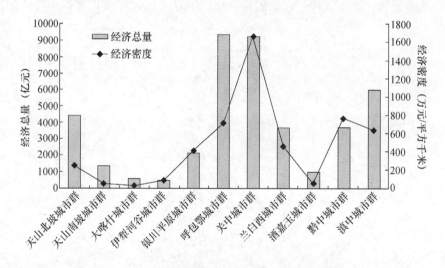

图5-17　新疆绿洲城市群与西部其他城市群经济总量和经济密度比较

（5）从社会消费品零售总额来看：新疆的四个城市群与西部其他地区性城市群的差距较大，虽然天山北坡城市群超过1000亿元达到1073.36亿元，但仍不足关中城市群（3585.26亿元）的1/3，也远低于呼包鄂城市群（2504.6亿元）和滇中城市群（2208.83亿元），位于兰白西城市群（1304.25亿元）和黔中城市群（1301.67 亿元）之后，仅高于银川平原城市群（505.58 亿元）和酒嘉玉城市群（177.60 亿元）。天山南坡城市群（162.68 亿元）、大喀什城市群（121.33 亿元）和伊犁河谷城市群（117.71 亿元）更低。关中城市群的社会消费品零售总额甚至达到了伊犁河谷城市群的 30 倍，充分显示出新疆城镇化发展的滞后性，城市群的经济集聚辐射作用还远远未得到发挥（见图 5 – 18）。

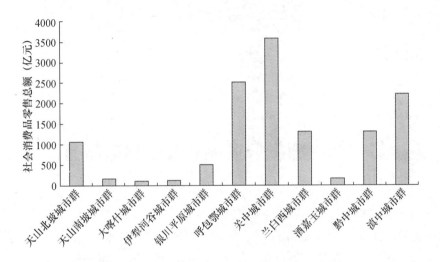

图 5 – 18　新疆绿洲城市群与西部城市群社会消费品零售差异比较

第六章　新疆绿洲城市群的培育模式与路径

第一节　新疆绿洲城市群的培育模式

城市群在空间结构上是由点轴面系统发展起来的，城市群地域结构的发展实际上是点轴系统逐步完善的过程，城市群功能地域结构单元一般需经历分散城市、城市组团、初级城市组群、高级城市组群等发展阶段。城市群中不同规模等级节点城市的发展与相互之间的合理竞争与分工协作是城市群地域结构演化的驱动力，而连接各节点城市之间的线状综合交通基础设施则形成不同级别的发展轴，随着节点城市的持续扩张与发展轴的不断延伸增加，城市群将朝着地域结构单元更大、空间功能结构更合理的方向发展演化。结合国内外城市群发展模式研究的成果，城市群培育发展模式可以分为以下四种类型。

一、单核型培育模式

该模式一般是指，在城市群发展的初期阶段，城市群结构往往以是以核心城市为中心，与其他城市或城镇共同构成有机联系的城市群体系。在城市群体系中，城市等级主次分明，城市首位度高，核心城市发展居绝对主导地位，城市间以向心联系为主，同级城市间的联系较薄弱，区域城市集中的空间因素十分突出，中心城市的核心和集聚作用发挥相对充分，使得区域内的开发利用集约化程度相对较高。这种培育模式适合不同发展阶段与不同等级地域系统的城市群。按照发展阶段，该模式又可以分为以下两种类型：

（1）核心—放射型空间模式。在核心城市初期扩散过程中，往往沿主要轴线扩展，此时不具备圈层扩展的能力，但核心城市在区域中具有显著的区位优势、规模优势与功能优势。该模式应通过重点培育核心城市，构建放射型通道来带动整个城市群的协调发展。

（2）核心—圈层空间模式。随着核心城市经济的发展，其城市综合功能得到强化，核心城市扩散作用明显，区域交通基本围绕核心城市来组织，此时从轴向扩展为主转向圈层扩展为主。该模式的重点仍然是以培育核心城市为主，同时强调城市间的分工协作。

二、双核型培育模式

该模式一般是指在城市群内部存在两个或两个以上规模接近的大城市，使圈层结构在这些大城市影响范围的同侧出现范围的压缩或缺失。这种情形在我国的几大城市群中比较多见，如京津冀城市群、山东半岛城市群和辽东半岛城市群等都具有这个特点。双核培育模式的重点在于打破条块分割，促进城市互补，尤其是对于发展相对较弱的一方城市来说，应正确处理与核心城市在发展中的互补关系，通过培育副中心城市的跨越式发展促使"双核牵引"格局的形成。

三、成长三角培育模式

成长三角模式在区域空间结构上表现为三角形，在经济发展上表现为以一个主角带动两个副角，主角是城市群的核心城市，副角是城市群的区域性副中心。该模式培育的关键在于要明确三个城市的分工与合作，主角城市充分发挥规模经济优势，大力发展高新技术产业与现代服务业，并适时将层次较低的产业向副角城市转移；副角城市应有所选择，对接适合自身的产业，推进自身产业结构优化升级，最终形成城市群合理的产业空间格局。

四、多极式网络化空间培育模式

该模式是指在城市群内部同时存在着若干个综合发展水平较高的城市，它们在规模、功能等方面相当，且经济要素和经济活动在空间上也表现为集中与分散相结合的特点。由于各个城市发展实力相差无几，城市之间存在紧密的横向联系关系，从而形成了城市群多极发展的格局。该培育模式应该从各个增长极的区域发展现状基础与城市群整体特征出发，根据因地制宜、优势互补的原则，进行城市职能的定位与产业结构的优化。根据空间格局及发展状况，多极式培育模式又分为以下两种类型：

（1）走廊轴线型模式。走廊轴线型模式一般指城市群总体格局沿着交通基础设施条件比较好的方向发展。空间通达性的提升是城市群演化的重要条件，因此城市群大都沿着主要交通走廊方向开发。这种模式的特点是能够节约资源配置，有利于各种城市流的有效流动与城市区域之间的协作。同时为城市拓展了腹地范围，增强城市的集聚辐射能力。

（2）多中心网络化空间模式。城市群在向高级阶段演化过程中，势必存在若干个规模、等级、功能等发展实力相当的城市，此时城市群将向多中心网络化的空间结构演化。此时区域经济活动在空间上表现为集聚与扩散相结合，交通、信息等高度发达，人口、产业高度集中于一个中心的状况逐渐疏解。网络化模式是城市群协调发展的最佳模式，也是其发展的高级阶段。

从单核培育模式、双核培育模式到成长三角整合模式、多极化网络空间培育模式的递变，体现了城市群地区区域性中心城市从数量到质量不断发育壮大和各个城市之间各种"流"的不断强化过程。同时也可以看出，不同的培育模式归根结底是对点轴系统理论应用的不同组合方式。处于不同发展阶段与不同分布格局的城市群应该选择适合区域发展基础和特点的培育模式，同一城市群在不同的城市区域也可以选择多个组合模式进行培育，这是一个动态的过程。城市群中心城市的发展状况及其相互之间的关系是影响培育模式选择的关键性因素。

第二节　新疆绿洲城市群培育路径

一、主导产业选择与分工协作

在城市群的发展定位上，城市职能的模糊或者城市职能的雷同，都会导致城市群内部甚至城市群之间产业的恶性竞争，阻碍城市群的健康发展。现阶段，新疆绿洲城市群部分城镇表现出主导产业不明晰、产业相似度高，产品市场竞争较激烈。非常典型的是，在同一个资源富集地区的不同行政单元上，几乎每个县市都有工业园区，而且园区还存在着定位相同、产业同构、相互竞争的现象，没有形成良好的产业分工与职能分工。为促进新疆绿洲城市群长足发展，充分考虑绿洲城市特点，达到网络城市产品和服务的异质性与互补性，绿洲城市群必须深入剖析各自城镇优势，合理规划引导区域内各城镇的主导产业发展，实现城市群内各城镇产业的互补与错位发展，从而提升城市群整体效益。

1. 城市群区域要积极培育特色产业集群

要围绕比较优势资源（特色资源）发展壮大相关主导产业，拉长产业链条，围绕特色产业链条使城市群区域各城市之间形成合理分工局面，进而形成有相关配套产业支撑的特色产业集群，使得城市群区域内各城市就同一产业或相近的几个产业能够分工合作，形成密切的产业联系。由于城市群区域核心城市与一般城市、城市与乡村之间存在着较大差异，空间集聚能力也存在着较大差异，因此，各城市应从改善生产要素条件入手，更多地通过市场机制打造城市群区域特色产业集群。

城市群区域各城市政府应对本区域的比较优势资源进行梳理整合，积极推进城市之间合作协调机制的建立，通过城市群区域各城市之间的合理规划与有序协作，实现城市之间的错位发展和互补发展，并从构建城市群特色产业集群的高度出发，进行有效的资源配置和利用，达到城市群区域产业协调发展、合作发展的共赢目标。

2. 城市群要更加注重城市的分工协作

城市群要更加注重城市的分工协作，以此来有效化解绿洲有限的资源对城市发展的制约作用，各城市群的核心城市如乌鲁木齐、喀什、伊宁等应发挥其拥有的科研、信息、人才、资本、交通优势，大力发展高新技术产业和现代服务业，尽量延伸产业链，发展高附加值产品。将不适合核心城市功能需要的占地多、高能耗、高水耗、高劳动强度、高污染产业逐步淘汰。外围城镇应适应中心城市产业升级的需要，以优化产业结构为目标，适当对接核心城市相关产业的转移。

绿洲城市群能否发挥整体优势，关键要看城市群内部城镇间以及相互之间的功能是否协调，是否能够形成合理的产业分工协作。城市群内部城镇间合理产业分工的重要依据就是各城镇产业发展形成专业化的主导方向，简单说，就是每个城镇做自己能做的产业，各城镇选择确定自己的主导产业时必须要充分尊重这一要求。以天山南坡城市群为例，该城市群发展应以石化产业为主体，同时考虑其他相关产业的协作。对于城市群内部城镇发展而言，核心城市在产业选择上与其他城镇不仅要在特色上体现差异，而且在结构上也要体现差别。其他城镇之间要想获得足够的发展空间，必须采取产业错位发展战略，要围绕着核心城市的需求，从自身的优势和特色出发，有效避免与其他城镇形成过度的竞争关系，通过与城市群内部核心城市和其他城市相互依存关系的建立，来增强整个城市群的集聚辐射能力。

二、提升外向型经济发展水平

外向型经济是指以国际市场需求为导向，通过对外经济贸易活动来引导和带动国民经济发展的开放性经济，其核心内容是对外贸易和利用外资。外向型经济强调在充分开放区域内部市场的同时，还要积极开拓区域外市场尤其是国际市场，不仅使区域的产业结构以出口导向为主，而且还要通过制定成套的经济政策，使区域中的资金、技术、原材料等生产要素也通过国际市场实现合理组合，从而在国际市场上获取比较利益，以促进区域经济的发展。新疆具有发展外向型经济的众多有利因素，如独特的地缘区位优势、丰富的资源优势等，同时，国家也非常重视新疆的外向型经济发展，明确提出要充分利用"两种资源、两个市场"，努力把新疆建设成为我国向西出口加工基地和商品中转集散地，随着国家"一带一路"战略的实施推进，新疆还将担当"丝绸之路经济带"核心区，面临着更加优惠的投入和政策支持。这些都为新疆绿洲城市群积极参与国际分工和交换，发展面向中亚、西亚、南亚和欧洲市场的外向型经济提供了良好的机遇。

西部大开发战略实施以来，新疆将外向型经济作为新的经济增长点着力发展，其对全疆经济的发展已经开始发挥重要的拉动作用。但对四个绿洲城市群来说，相互之间外向型经济发展的差异却十分明显。其中，天山北坡城市群与伊犁河谷城市群由于其独特的区位优势和相对便捷的对外交通运输通道的支撑，外向型经济发展已经进入良性循环阶段，在全疆范围内来说，无论是对外贸易还是外商投资都处于绝对领先地位；天山南坡城市群与大喀什城市群由于开放次序和开放程度不同，另外受社会经济发展基础和对外贸易通道以及其他因素限制，外向型经济发展明显落后，区域内的许多城镇在实际利用外资上都是空白。在经济全球化、贸易自由化的大环境下，外部需求将会成为城市群经济增长的主导力量和决定性因素，因此，新疆绿洲城市群也必须高度重视外部需求，大力发展外向型经济。新疆绿洲城市群外向型产业的建立要以自身在国内已具有比较优势的产业作为选择方向，借助国家政策支持和东部省区对口援助力量，整合多方资源，积极吸引东部的资金、技术助推产业发展。与此同时，各城市群还要充分发挥自身优势，抓住国家建设"丝绸之路经济带"战略机遇和新疆打造"丝绸之路经济带"核心区任务要求，扩大面向中西南亚地区以及欧洲的对外开放程度，积极地融入国际市场、参与国际竞争，弥补新疆远离国内大市场的缺憾。

1. 外向型产业发展途径

一是对新疆现有出口导向产业给予进一步的支持与鼓励，通过提高技术水平来提升核心产业的生产规模，扩大市场份额；二是针对中国在国际市场上有竞争力，但新疆现在还不具有明显比较优势的产业，通过产业承接和内生创造（本地资本或外来资本）实现本地化生产，在一定时间和力度的培育和发展之下，使之转变成长为新疆的出口导向型产业。同时，新疆特别是产业相对集聚的四个城市群，应首先加强东西协作，充分利用东部地区的资金、技术和销售方面的优势，并将其与新疆低廉的生产要素相结合，辅以优惠政策的扶持和培育，将具有优势的加工产业尽快转化为出口产业，实现从新疆进入国际市场。后期还可在充分吸收、消化东部生产技术后，实现完全的本地化生产，由加工环节逐渐转向附加值高的设计与销售环节，更加充分地参与国际竞争。

要真正培育形成新疆绿洲城市群外向型产业在国际市场上的竞争力，也需要分阶段、分重点地推进。第一阶段就是要重点发展技术容易掌握、生产容易起步、外部需求较大的产业，如以轻工业为主的劳动与资源密集型产业相结合的产业，包括纺织业、家具制造业、食品制造业、服装鞋帽业、非金属矿物制品业和低附加值的电器机械的装配。第二阶段要重点发展以资金与技术密集型产业为主的产业，要鼓励扶持化学工业（化学原料及化学制品制造业、有机化学）、金属制品和电气机械工业参与国际市场的竞争。

2. 绿洲城市群外向型经济发展措施

（1）天山北坡城市群与伊犁河谷城市群。这两个城市群应充分发挥优越的地理位置和良好的经济技术基础的优势，实施"大经贸"战略，充分发挥外贸导向作用和综合服务的功能，提高利用外资的技术层次，优化外资利用结构，促进区域产业结构的高级化，着重引进高新技术产业龙头项目，不断推动出口产品结构贴近国际市场需求，尽快与国际经济接轨，更好地发挥"龙头"作用，带动绿洲经济实现跨越式发展。具体措施如下：一是加强完善乌鲁木齐区域商贸服务功能，以乌鲁木齐市为核心，把新疆建设成面向中亚的区域商贸中心，使乌鲁木齐成为面向欧亚大陆的区域性国际化城市；二是加强中哈霍尔果斯国际边境合作中心的示范带动作用，并完善其口岸功能，健全其贸易合作服务机制；三是引导和督促各金融机构不断改进和完善金融服务，扩大利用国际金融组织、外国政府贷款的规模，支持和促进外向型经济快速发展。

（2）大喀什城市群。该区具有自然资源、人文资源丰富，多边境城镇特点，发展外向型经济条件十分优越。大喀什城市群的外向型产业结构调整的重点应放在特色产品和优势资源产品上。由于该城市群整体经济实力及生产力水平的限制，目前更应该从区域实际出发，不应过分追求"高新"产品，而应努力提高区域特色产品的附加值，形成品牌企业与品牌产品，提升市场竞争力。一是依托喀什经济开发区和喀什综合保税区，将喀什市建成面向中亚的区域性商贸旅游中心城市，全力提升喀什在中亚、南亚经济圈的重心地位，打通喀什连接中亚、南亚和西亚的国际贸易大通道。二是转变观念，强化服务意识，积极培育出口经营主体，尽快形成一批具有较强国际市场开拓能力的重点企业，支持企业走外向型经济发展之路。三是充分发挥喀什"五口通八国，一路连欧亚"的独特边境优势，依托周边口岸，大力发展出口加工产业，努力改善投资环境，积极吸引外资，使外向型经济在较短时间内实现较大突破。

（3）天山南坡城市群。发展外向型经济的核心是利用外资和扩大出口，天山南坡城市群由于其不沿边不靠口，外向型经济发展在四个城市群中相对滞后。因此，天山南坡城市群外向型经济、外向型产业发展可首先选择以改善投资环境为突破点，抓住对口援疆和"丝绸之路经济带"核心区建设的机遇，找准定位，多种渠道筹集资金，加大基础设施的建设，提升外向型产业发展的硬件基础。其次要更加重视投资软环境建设，积极培养和引进跨国经营人才，建立通畅的跨国经营信息系统，提高政府工作效率。最后是要充分把握目前发达国家对于绿色贸易和进口商品环保指标要求越来越高的新形势，发挥该区域自然资源丰富、开发程度低、污染低的优势，利用该区域适宜生产绿色产品的土壤、水质和气候条件，积极开发天然绿色食品、药品等出口产品，发展独具区域特色的外向型产业。

三、重点培育区域中心城市

重点培育乌鲁木齐、喀什、伊宁—霍尔果斯、克拉玛依、库尔勒、石河子、阿克苏、库车 8 个区域性中心城市，强化中心服务职能，发挥辐射带动作用，使其成为绿洲城市群发展的增长极和"丝绸之路经济带"核心区建设的重要支点和载体。按照扩大对内对外开放、建设对外开放重要门户的战略要求，重点将乌鲁木齐打造成区域性国际城市，强化对外辐射和服务作用，发挥其作为国家向西拓展政治、经济空间的战略支点作用；加快喀什、霍尔果斯两个国家级经济开发区建设，积极扶持喀什发展商贸、旅游、文化产业和出口导向的特色加工业，打造面向中亚、南亚和西亚的区域性商贸物流和文化中心及出口加工基地；积极扶持伊宁—霍尔果斯，充分利用霍尔果斯国家级经济开发区优势，发展出口导向型的工业和商贸业、旅游业，打造面向中亚、西亚的区域性商贸物流中心；克拉玛依充分利用石油资源和产业基础，以建设"世界石油城市"为目标，进一步做强石油石化产业，同时利用技术和产业优势，积极发展金融、信息等新兴产业，增强克拉玛依在区域的集聚辐射能力；库尔勒建成南疆重要的交通枢纽、商贸物流中心和制造业基地；石河子建成轻纺、食品工业基地和高新技术产业基地；阿克苏建成新疆重要的纺织基地；库车建成南疆重要的石化能源基地。

培育新的区域次中心城市，加快县城和小城镇发展。积极扶持吐鲁番、阿图什、莎车、奇台、阿拉尔等城市壮大产业实力，优化发展空间，使其快速成长为城市群次中心城市和经济增长点，辐射和带动周边区域发展。把县城作为推进绿洲城市群城镇化的重要支撑，重点支持一批成长性好的县城，按照高标准的小城市进行规划建设。积极推进小城镇建设，突出特色产业支持，注重小城镇特色风貌，大力提升公共服务水平，建设宜居环境，充分发挥小城镇聚集人口和吸纳农村富余劳动力的潜力，增强小城镇对农村经济的辐射带动作用，实现绿洲城市群内协调发展和可持续发展。

四、促进资源环境与产业的协调发展

由于资源开发与城市产业发展之间存在的密切相关性，对城镇可持续发展具有重要的影响。因此，从可持续发展的角度出发，新疆绿洲城市群必须走资源节

约、环境友好发展之路，走新型工业化道路要把鼓励创新作为发展的根本。

1. 发展循环经济，实现可持续发展

绿洲城市群因水资源、土地资源等先天条件的限制，对城市产业的发展有着很高的要求。转变传统的发展模式，积极推动发展循环经济，加快建设低投入、高产出、低消耗、少排放、可循环、可持续的节约型社会，将资源、环境、产业这三个方面协调起来，实现资源的永续利用和经济社会协调发展是绿洲城市群发展的必然选择和重要手段。新疆绿洲城市群内部和城市群之间，更需要通过不同产业间的组合和补充，形成生态工业网络体系，促进产业结构的合理调整和优化布局，要进一步提高资源和能源利用效率，实行全过程控制，最大限度地减少污染物的产生和排放，降低经济发展和保护环境的社会成本和经济成本，实现环境与城市群发展的"共赢"。

2. 建立协调机制，促进集约式发展

总体而言，城市群是资源高度集约利用的一种空间形态，城市群的发展是实现资源开发、利用、保护、转化的有序循环过程。但与此同时，城市群内部和城市群之间的产业发展竞争又极易导致对依存资源平衡的破坏。所以说，新疆绿洲城市群的可持续发展必然要以发展经济、协调生态环境为前提，以节约资源为目标。在绿洲城市群产业结构与空间布局的选择上，必须要考虑与有限资源的可持续利用以及脆弱环境的保护相匹配，不应超出资源环境的承载能力。要实现这一目标，需要城市群各方共同努力，建立城市群产业发展和资源环境之间的协调共生机制。

3. 提升产业结构，引导产业合理布局

产业结构的高度化与合理空间布局是实现产业结构优化的一个重要方面，同时也是促进产业与资源环境协调发展的重要途径。产业结构高度化的一个重要标志是发展高新技术产业，而现阶段新疆绿洲城市群高新技术产业还处于以技术引进为主的初级发展阶段，自主研制开发的产品较少，大力发展高新技术产业将是下一步发展的关键和突破点。此外，利用土地、财政、税收等各种政策工具来引导不同产业部门在城市群范围内特定空间区位上进行合理布局也是绿洲城市群发展的重点任务，一方面可以促进传统产业部门从核心城市逐步疏解，推动核心城市的产业转型升级；另一方面也能够推动这些传统产业部门在中小城市重新集中，提高中小城市的地方经济活力和人口集聚能力。实现城市群不同等级城镇协调发展，强化资源的有效配置，进而提升城市群空间的整体发展绩效。

4. 结合生态建设，加强区域协调合作

环境保护要和生态建设相结合，这是一项事关全局、影响长远的紧迫任务。在绿洲城市群培育发展之初，就要制定切实可行的区域性生态建设规划，确立生态建设指标，实施造林绿化、发展生态产业、建设生态城市群等一系列重大举措，从科学建设和持续发展的角度改善城市群生态环境。当然，环境问题往往是跨区域的，因此需要在城市群内部及城市群之间建立跨区域的协作网络，加大行政推动力度，实现资源共享、区域联动，最大限度地发挥地方政府的综合协调功能。要在绿洲城市群培育发展的整体战略中确立环境优先理念，妥善处理产业发展与环境保护的关系，加强区域协调和联系，在污水处理、环境管理等方面强化政府以及民间的合作，共同改善绿洲城市群区域的生态环境。

五、提高新疆绿洲城市群的空间通达性

在所有城市群区域，综合交通运输网的通达性与便捷性是"城市流"得以实现效益最大化的前提与基础。网络城市需要以方便快捷的交通网络体系为支撑，依靠完善的水平联系，使城市间的人流、物流、信息流运行效益最大化，实现城市间高强度联系流高效率运转。新疆地域广阔，区域封闭性相对较强，城市体系呈现"大分散，小集中"分布格局，绿洲有限的空间范围决定了其内部城镇发展腹地的规模水平，同时也使得城镇发展对整个区域的交通状况和对外联系强度更加敏感，因此，绿洲城市群发展对交通网络表现出更大的依赖性，提高绿洲城市群的空间通达性显得尤为重要。所以，新疆绿洲城市群应围绕建设综合立体交通格局，优先布局对绿洲城市群发展有重大影响的运输通道，加快跨区域公路、铁路建设，发展航空、管道运输，构建铁路、航空、公路为一体的综合运输枢纽体系；大力改善城市群内部的交通条件，整合运输资源，优化网络布局，提升综合交通运输能力和服务水平，实现城市群区域客运"零距离换乘"、货运"无缝衔接"。下一步可在进一步完善区域交通路网结构的同时，加快推进城际快速通道建设，强化中心城市与周边城市的联系网，提高路网通行质量，着力将城市群内部建设成网络化的交通体系；同时，要从适应绿洲城市群培育发展的新形势和新要求出发，加快与周边区域城市的交通通道建设，促进城市群之间的大分工大协作；从各城市群的区位条件出发，加快面向中西南亚的国际大通道建设，提升城市群在区域竞争和发展中的影响力。

第三节 新疆绿洲城市群培育发展的方向和重点

一、天山北坡城市群

天山北坡城市群由于其独特的地理位置和相对领先的发展水平，目前，已成为我国面向中亚及周边国家地区开放、开发的前沿地带，也是承接新疆东部地区和中部地区产业转移的重要基地。连霍高速、兰新高铁、北疆铁路等疆内重要交通干线呈东西走向布局在天山北麓，并串联起吐鲁番、乌鲁木齐、昌吉、石河子、奎屯等一系列城镇，已经基本形成了多极走廊式空间发展格局。根据对天山北坡城市群资源与环境承载力、地区经济发展基础与空间格局特征以及未来发展环境的综合分析，未来该地区的空间发展，也必然是以"点—轴"系统开发为基础，选择多极式培育模式，由走廊轴线型模式向多中心网络模式发展，促进天山北坡城市群区域空间格局的整体优化。

1. 空间结构优化

以点—轴理论为指导，天山北坡城市群采用"三轴、四核、四组团"的空间开发模式（见图6-1），依托兰新线发展轴，实现天山北坡经济带率先发展。以乌昌都市区为核心，以克拉玛依、奎屯、石河子、吐鲁番、奇台等城市为支撑，加强城市之间的联系与协作，实现区域设施的联建共享和区域资源的集约利用，强化沿线各城镇的产业分工协作，重点加强促进乌鲁木齐、昌吉、阜康、五家渠4个城市同城化发展，促进奎屯—克拉玛依的一体化发展，最终将天山北坡城市群培育发展为真正具有国家战略意义的重要国家级区域性城市群。

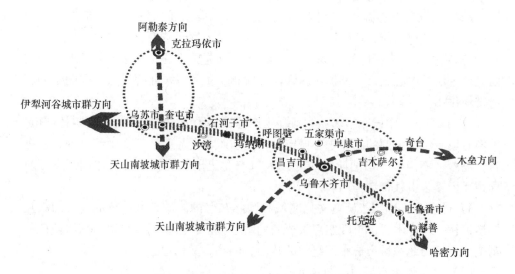

图6-1 天山北坡城市群空间格局示意图

"三轴、四核、四组团"的具体内容如下：

（1）三轴，即沿兰新铁路西段、连霍高速贯穿乌鲁木齐、昌吉、石河子、奎屯等城市为中心的城市群一级城镇发展轴，这也是新疆区域经济空间结构的主轴。沿乌鲁木齐—阜康—吉木萨尔—奇台的发展轴与克拉玛依—奎屯沿线的城镇构成了城市群的二级发展轴。

（2）四核，包括乌鲁木齐、石河子、克拉玛依、吐鲁番，发挥核心城市在城市群中的集聚扩散效应，推动新型城镇化战略的实施。

（3）四组团，即以乌鲁木齐都市区为主的城市群组团，包括乌鲁木齐、昌吉、五家渠、阜康、奇台、吉木萨尔、呼图壁等城镇；以吐鲁番、鄯善、托克逊为中心的城市群东部组团；以石河子、玛纳斯、沙湾为中心的城市群组团；以克拉玛依、奎屯、乌苏为主的城市群西部组团。

2. 城镇群职能结构优化

根据各个城镇的等级规模、城镇格局优化发展和组团内部发展的需要，将天山城市群职能规划分为区域中心城市、区域副中心城市、区域性重点城镇、县域中心城镇。

（1）区域中心城市。把乌鲁木齐建设成为我国面向中亚、西亚、南亚地区的国际性商贸中心、文化交流中心和区域联络中心；我国西北地区重要的能源综合利用基地、新型工业基地、旅游集散中心；新疆的政治、经济、文化和科技创新中心以及新疆"丝绸之路经济带"核心区建设的战略支撑区。

（2）区域副中心城市。克拉玛依、石河子、吐鲁番，发展重点是扩大城市规模，完善城市功能，增强城市实力，发挥好区域性经济中心的作用。

1）克拉玛依：国际知名的石油城市，我国重要的石油石化产业基地。新疆西北部区域的中心城市，发挥对新疆西部博州、伊犁以及北部塔城、阿勒泰的辐射带动作用。

2）石河子：中国军垦名城，新疆生产建设兵团中心城市和生态型园林城市。天山北坡经济带中部的区域中心城市，依托纺织、食品等轻工业生产基地，发挥对石玛沙（石河子、玛纳斯和沙湾）人口产业集聚区的辐射带动作用，发挥对周边兵团垦区引领带动作用。

3）吐鲁番：国家级历史文化名城和国际知名的旅游名城；新疆重要的铁路转换枢纽；乌鲁木齐都市圈东部重要的副中心城市；两型社会和生态宜居城市的示范区，天山北坡城市群东部组团的政治、经济、文化中心。

（3）区域性重点城镇。包括五家渠、阜康、奎屯、乌苏、奇台。

1）五家渠：以旅游、皮革、机械制造、化工为主，建设具有军垦特色的园林城市。

2）阜康：以旅游产业为先导，围绕石油、煤炭、金属冶炼三大基地发展相关产业为重点的旅游特色城市。

3）奎屯：以电力、纺织、机械、化工、卷烟、造纸、印刷等为主的工业体系，打造城市群重要的贸易加工基地和以发展开放型经济为重点的现代化城市。

4）乌苏：以煤炭、电力、农副产品加工为主体，积极发展郊区蔬菜园艺业，利用农牧业优势发展食品、饮料工业。

5）奇台：打造新疆重要的煤电煤化能源基地，粮食生产供应基地，天山北坡东部的对外贸易口岸，以农副产品加工业和旅游业为基础的，城市群东北部的区域性重点城市。

（4）县域中心城镇。包括鄯善县城、托克逊县城、玛纳斯县城、沙湾县城、呼图壁县城。

1）鄯善县城：吐鲁番地区东部区域的经济中心，鄯善县的政治和文化中心，具有产业服务功能和宜居功能的新区域，新疆重要的石材加工基地和石化工业园区。

2）托克逊县城：联系南北疆、东疆的交通门户，托克逊县的政治、经济、文化中心，自治区重要的能源供应基地、煤电基地和绿色生态农牧业生产基地。

3）玛纳斯县城：以食品加工和棉花初加工产业为主的新型宜居城镇。

4）沙湾县城：以发展农副产品加工、纺织、食品工业及旅游为主的综合性新型城镇。

5）呼图壁县城：以发展纺织、石油石化产业为主的综合性城镇。

二、天山南坡城市群

根据对天山南坡城市群资源与环境承载力、经济发展基础与空间格局特征以及未来发展环境的分析与判断，该城市群区域可以"点—轴"系统开发为基础，选择成长三角培育模式，促进天山南坡城市群区域空间格局的整体优化。

1. 城市群空间结构优化

天山南坡城市群构筑以"二轴、三核、三组团"的空间结构（见图6-2），实施"以轴串点、以点带片"的空间开发模式。充分发挥南疆铁路发展轴战略性通道以及在促进南疆区域协调发展中的重要作用。沿线城镇采取点轴发展模式，加快库尔勒、库车、阿克苏产业发展，打造区域性中心城市，构建成长三角带动模式。推进阿克苏、库尔勒、库车城镇组群的产业分工协作，打造分工合理、联系紧密的城市群。

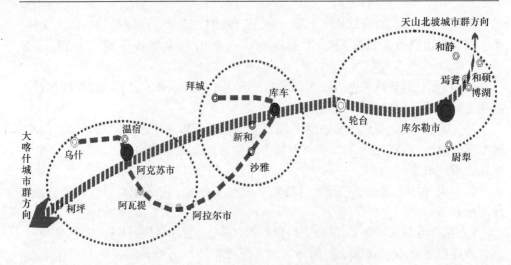

图 6 - 2　天山南坡城市群空间格局示意图

"二轴、三核、三组团"的具体内容如下：

（1）二轴，即南疆铁路巴州与阿克苏段以及国道 314 线构成天山南坡城市群一级发展轴，是南疆经济发展的主动脉、新疆经济发展的着力点。沿拜城—库车—沙雅—阿拉尔—阿瓦提—阿克苏—温宿—乌什的轴线构成了城市群的二级发展轴。

（2）三核，即以库尔勒市为核心，通过推进库尉一体化，打造库尔勒城镇组群，全面提升中心城市库尔勒在新疆绿洲城市群结构体系中的职能等级，进一步扩大各级城镇等级规模，形成南疆铁路的桥头堡、南疆铁路沿线和新疆区域经济发展的增长极核、西部经济发展的战略点；以库车为核心，依托库车化工园区建设，整合区内的能源资源，打造库车经济区，有效辐射沙雅、新和、拜城等城市群中部县市，有效发挥库车作为区域经济、文化中心和全疆四大石化基地的重要作用；以阿克苏市为核心，通过推进阿克苏、温宿联盟，打造阿克苏经济区，发挥其在经济建设中的向心力作用和基础依托作用。

（3）三个组团，即以库尔勒、焉耆、和静、博湖、轮台和尉犁为主的城市群东部组团；以库车、拜城、新和和沙雅县城为主的城市群中部组团；以阿克苏、阿拉尔、温宿、阿瓦提、乌什和柯坪为主的城市群西部组团。

2. 城市群职能分工

依据区位条件、交通状况和产业特点及未来发展潜力和方向，可将天山南坡城市群分为区域性中心城市、区域性重点城镇和县域中心城镇三大职能类型。

（1）区域性中心城市。

1）库尔勒：南疆东部重要的区域中心城市，南北疆的交通要道，以石油化工、旅游为主的新兴工业城市和园林绿化城市。

2）阿克苏：地区性政治、经济、文化和交通中心，是新疆重要的绿洲农业基地，以纺织、建材、食品、化工为主的园林绿化城市。

3）库车：塔里木盆地北缘中部的中心城镇，以石油天然气化工和煤炭及煤化工为主的国家和新疆最重要的重化工业重镇，未来南疆重要的交通枢纽和工业城市。

（2）区域性重点城镇。

1）焉耆县城：以优质葡萄、番茄精深加工和矿业开发为主的区域性重点城镇。

2）轮台县城："中国小白杏"之乡，以石油石化产业、农产品加工业和矿业为主的石油石化重镇。

3）阿拉尔市：塔里木河上游垦区中心城市，兵团科教文化重要基地，以发展轻纺工业和农副产品加工为主。

（3）县域中心城镇。

1）和静县城：以矿业、水电、钢铁和建材工业为主的县域中心城镇。

2）和硕县城：以医药、石材、铜锌矿业开发和旅游产业为主的县域中心城镇。

3）博湖县城：以"红色"产业（如番茄产业、辣椒产业）、水产、芦苇加工业和旅游业为主的县域中心城镇。

4）尉犁县城：以棉纺产业、矿业开发和节水器材生产为主的县域中心城镇。

5）新和县城：以棉纺织、农副产品加工和节水器材生产为主的县域中心城镇。

6）沙雅县城：以棉纺织、农副产品加工和生物资源加工为主的县域中心城镇。

7）柯坪县城：以毛纺织、建材及农副产品和食品加工业为主的县域中心城镇。

三、大喀什城市群

从大喀什城市群资源与环境承载力、地区经济发展基础与空间格局特征以及未来发展环境的综合分析，该城市群区域可以"点—轴"系统开发为基础，选择单核型培育模式，由核心—放射型空间模式向核心—圈层空间模式发展，促进大喀什城市群区域空间格局的整体优化。

1. 空间结构优化

根据大喀什城市群空间结构特点，确定研究区域的点轴发展战略模式为：

"一主、一副、一带、三轴"（见图6-3）。采取点轴发展模式，重点加快喀什经济开发区建设，培育喀什国际城市职能和区域中心城市功能，增强对南疆三地州的辐射带动能力。

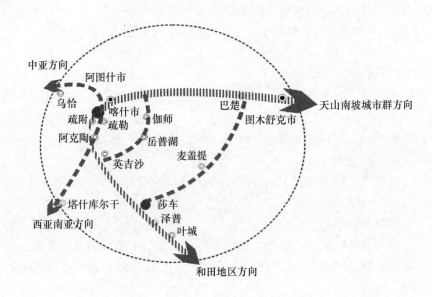

图6-3　大喀什城市群空间格局示意图

"一主、一副、一带、三轴"的具体内容如下：

（1）一主就是以喀什市为核心，通过推进喀克一体化，进一步扩大城市规模，全面提升中心城市在城市群的职能等级，发挥喀什市作为区域中心城市的极化和辐射作用，整合城市群的产业结构，将喀什市建成区域性的金融商贸中心、物流中心、科技中心、信息中心以及高新技术产业和现代制造业中心。

（2）一副是把莎车县城建设成为城市群的副中心和区域发展的次级增长极，带动周围各级城镇的发展。

（3）一带是指沿南疆铁路形成的"巴楚—伽师—阿图什市—喀什市—疏勒—英吉沙—莎车—泽普—叶城"城镇带，这条城镇带是城市群的主要发展轴线。同时也是与天山南坡城市群以及和田地区的联系通道，是城市群"东联西出"的入口和"西进东销"的出口，在未来的发展中具有极其重要的地位。

（4）三轴即沿214省道的"巴楚—麦盖提—莎车"的发展轴线；沿省道310线的"伽师—岳普湖—英吉沙"构成的发展轴线；沿喀什市—疏附—阿克陶—塔什库尔干—红旗拉甫口岸、卡拉苏口岸（面向西亚和南亚）和喀什市—乌恰—吐尔尕特口岸（面向中亚）的对外联系发展轴线，是大喀什城市群面向中亚和南亚建立商贸旅游中心的两条重要贸易通道。

2. 城镇群职能分工

依据区位条件、交通状况和产业特点及未来发展潜力和方向，可将大喀什城市群城镇分为区域性中心城市、区域性重点镇和县域中心城镇三大职能类型。

（1）区域性中心城市。喀什市作为国家级历史文化名城，自古就是丝绸之路重要交汇点和商贸重镇。培育发展的重点将是以民族特色轻工业、国际贸易和旅游业为主，打造南疆的区域中心城市，和中国西部重要的对外贸易窗口、交通枢纽和明珠城市。

（2）区域性重点城镇。

1）阿图什：克州的政治、经济、文化和商业中心，依托区内丰富的矿产和旅游资源，打造以农副产品加工、矿业和旅游业为主的、具有边境商贸特色的城市。

2）图木舒克：兵团三师前海垦区中心城市，以发展轻纺加工业为主，农副产品为辅的特色军垦城市。

3）莎车：新疆人口最大的县，着重发挥区域人口资源优势，加快集聚，重点发展以食品加工、建筑、酿酒和民族手工业等为主的城市群副中心。

（3）县域中心城镇。

1）疏附县城：以特色食品、建材、盐业和彩印等为主的县域中心城镇。

2）英吉沙县城：以电力、煤炭、水泥、果品加工、手工艺为主的县域中心城镇。

3）叶城县城：以化工、冶金、建材等产业为主的县域中心城镇。

4）泽普县城：塔西南石油基地，以餐饮、运输、加工业为主的县域中心城镇。

5）巴楚县城：以纺织电力、采盐、建材、轧花及粮油加工业为主的县域中心城镇。

四、伊犁河谷城市群

在综合考虑伊犁河谷城市群资源与环境承载力、地区经济发展基础与空间格局特征以及未来发展环境的基础上，城市群空间发展以"点—轴"系统开发为基础，选择单核型培育模式与双核培育模式的组合模式，由核心—放射型空间模式向核心—圈层空间模式发展，促进伊犁河谷城市群区域空间格局的整体优化。

1. 城市群空间结构优化

伊犁河谷城市群构筑以"一核、五轴、三组团"的空间结构，实施"以轴串点、以点带面"的空间开发模式。充分发挥霍尔果斯口岸桥头堡作用，重点加强霍尔果斯国家级经济开发区建设，扩大伊宁市的城市规模，提高辐射与集聚作用，加快推进口岸城市建设，最终逐步形成发挥优势、分工协作、优势互补、布局合理、功能完善、持续发展的"双核型"驱动模式的城市群空间格局（见图 6-4）。

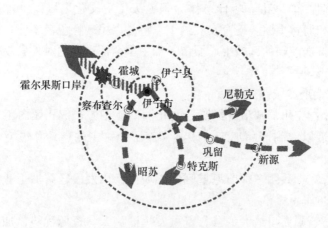

图 6-4　伊犁河谷城市群空间格局示意图

"一核、五轴、三组团"的具体内容如下：

（1）一核，即以伊宁市为城市群核心，扩大城市规模，增强中心城市吸引力和辐射力，形成新疆面向中西亚及欧洲的重要边境城市。以霍尔果斯口岸城市为城市群副中心城市，加快口岸城市建设，使其发展成为集商贸、客货中转、旅游购物为一体的现代化口岸城市。

（2）五轴，即沿 218 国道和 312 国道以及精伊霍铁路，由伊宁市—霍城县城—霍尔果斯口岸组成的发展轴。该发展轴汇集了城市群发展条件优越的主要城镇，形成便捷的对外联系通道，形成区域最密集的城镇发展带。沿伊宁市—巩留—新源县城形成城市群向东二级发展轴。沿伊宁市—尼勒克、伊宁市—特克斯和伊宁市—察布查尔—昭苏的轴线构成了城市群的三条三级发展轴。

（3）三个组团，即以伊宁市、伊宁县、霍城县、察布查尔县城、霍尔果斯口岸等为主的城市群西部组团；以新源、尼勒克和巩留县城为中心的城市群东部组团；以特克斯和昭苏县城为主的城市群南部组团。

2. 城市群职能分工

依据区位条件、交通状况和产业特点及未来发展潜力和方向，可将伊犁河谷城市群分为区域性中心城市、区域性重点城镇和一般县域中心城镇三大职能类型。

（1）区域性中心城市。区域性中心城市为伊宁市。利用高新技术进一步调整产业结构，建立以贸工农为一体的多层次综合经济开发区，强化伊犁河谷的物资交流中心和商品集散地作用，发挥我国西部进出口加工基地和对外开放的重要职能。发展以边贸为主导，集商贸、旅游为一体的沿边开放城市。

（2）区域性重点城镇。

1）霍城—霍尔果斯：新疆最大的公铁陆路口岸之一，是中国与中亚国家客货往来的重要通道。城市群区域集商贸、客货中转、旅游购物为一体的现代化口岸城市。

2）新源：城市群东部副中心城市，以冶金、轻纺和旅游为主的新兴城市。下一步推进撤县设市，带动周边区域发展。

（3）一般县域中心城镇。

1）察布查尔县城：以优质农产品加工、建材产业和能源化工为主的县域中心城镇。

2）伊宁县城：以农副产品加工和特色旅游为主的县域中心城镇。

3）尼勒克县城：以农副产品加工和生态旅游为主的县域中心城镇。

4）特克斯县城：以农副产品加工和特色旅游为主的县域中心城镇。

5）巩留县城：以农副产品加工和生态旅游为主的县域中心城镇。

6）昭苏县城：以生态旅游为主的绿色生态宜居特色小城镇。

第七章　新疆绿洲城市群培育发展的机制保障与政策建议

第一节　新疆绿洲城市群培育发展的保障机制

城市群未来发展的方向如下：贯彻落实科学发展观，以人为本，以需求为导向，以互惠多赢为目标，以利益为纽带，依托高速铁路、高速公路与空中快线等发展轴线，完善城市群快速交通系统，通过集群发展、互动发展、错位发展、城乡统筹发展和可持续发展，构建与全球供应链密切关联的城市群现代产业体系，强化市场机制在城市群形成发育中的主导作用，把城市群建成经济发展核心区、可持续发展示范区和对外开放国际合作的先行先试区，进一步强化城市群在推进城镇化发展中的主体空间地位和在经济社会发展中的核心地位，把城市群建成生态型城市群、创新型城市群、低碳型城市群、紧凑集约型城市群和数字型城市群。

实现上述发展目标，需要建立组织协调、公共财政、法律法规和资源环境保障四大保障机制，具体包括组织协调政策保障机制（权力机制）、公共财政政策保障机制（财力机制）、法律法规政策保障机制（法力机制）和资源环境政策保障机制（可持续发展能力机制），使权力、财力、法力和能力这四大政策力量形成合力，协力放大，推动城市群健康成长。

一、权力机制：组织协调政策保障机制

我国城市群发展历程表明，城市群难以形成经济协调发展格局的根本原因在于缺乏统一、协调、有效的竞争规则，缺乏制定和执行规则的具有权威性的机构。城市学家 L. 芒福德指出，如果经济发展想做得更好，就必须设立有法定资

格的、有规划和投资权利的区域性权威机构，并在权力、职责、资金等方面给予区域协调组织以保障，使之高效运作。为此，要实现城市群内部的协调发展，必须建立行之有效的区域协调机构。国外城市群发展过程中虽然实现了完全自由的市场经济，区域协调机构大都为松散的由官方、企业和民众参与组成的非官方或半官方性质的机构，但它们也具有两方面的权力，即对地方规划进行审查的权力和对具有区域影响力的重大基础设施项目进行审查的权力，并且通过这两方面的权力，保持对下级规划较强的指导或指令性。我国城市群的协调机构一般具有官方性质，城市群组织协调机制的主要形式包括建立政府间协调组织、建立城市群领导机构、建立政府高层论坛和各种贸易展会平台等，但往往由于权威性不足而收效不大。因此，从中国整体发展环境出发，在充分尊重市场的基础上，建立由各城市上一级政府组织成立的具有协调权威的区域协调机构以及行业协调组织，推动包括组织协调能力、调控管治能力、综合治理能力、防灾减灾能力、应急指挥能力等在内的城市群综合运转能力建设。

1. 明确归口管理机关，组建副省级的城市群协调机构

建立副省级新疆城市群协调发展管理委员会，将其作为新疆绿洲城市群发展与规划的最高协调机构，由自治区政府牵头成立，综合考虑城市群培育发展中的统筹、规划、协调需求，将新疆城市群协调发展管理委员会归口自治区发展和改革委员会，协调自治区发展改革委、住建厅和国土资源厅三个部门共同编制新疆绿洲城市群经济社会发展规划、城市群城市体系规划和城市群土地利用规划，并由城市群协调发展管理委员会统一负责实施，确保上述规则能够有效协调衔接。城市群协调发展管理委员会要突出抓好事关自治区经济建设大局的城市群总体规划与管治工作，打破地方保护主义，建立城市群共同市场，实现城市群利益共享机制，推进城市群形成平等、互利、互律、互动的治理结构和协调新机制。城市群协调发展管理委员会应享有对区域性环境整治或重大基础设施建设等的认可权及相应的资金分配权，对区域性金融贷款拥有倡议权等，使其具有一定的经济调控能力与投资管理能力，以实现区域整体利益的优先发展。

2. 建立跨城市的行业协调组织

在城市群区域确立协同共治理念，仅靠成立一个政府间协调机构还远远不够，还需要成立各种行业性的协调组织，如各种产业协调组织和环境保护协调组织。各种行业性协调组织主要负责协调解决跨区域的基础设施建设、环境保护、产业发展等问题，促进政府之间、政府与民间的合作与交流。城市群各种行业性协调组织既可以是官方的，也可以是半官方的和民间的，从而形成多种利益主体、多元力量参与、政府组织与非政府组织相结合、体现社会各阶层意志的新公共管理模式。在建好跨城市行业协调组织的同时，实现从"自由裁量"到阳光

行政和科学决策的过程。

3. 建立城市群横向利益分享机制和利益补偿机制

城市群横向利益分享机制就是在充分尊重各组成城市政府的不同利益主体地位的基础上，本着信任与合作的理念，通过协商和谈判解决城市群公共利益分享问题，从而形成利益共享、合理分配的局面。城市群利益补偿机制就是在城市群公共服务提供过程中，按照有投资就有回报、有消费就应付费的原则，通过制度化渠道，实现城市群内各政府之间的利益平衡。这是新疆所有城市群内部和城市群之间形成协调发展的关键，城市群中心城市要从促进区域整体持续协调发展的角度出发，在建立并实施城市群横向利益分享机制和利益补偿机制中发挥主动作用。

二、财力机制：公共财政政策保障机制

城市群规划需要通过城市群公共财政的支持，获得充分的经济财政支持才能得以顺利实施。公共财政在城市群规划实施中的作用主要体现在以下三个方面：一是直接投资城市群区域基础和公共服务设施建设，如跨区域的道路交通设施、供排水设施等基础设施和公用设施，特别是区域重大基础工程设施和大型公共建筑设施建设等；二是募集城市群建设发展资金；三是调控城市群区域建设活动和投资，通过税收杠杆来促进或限制某些投资和建设活动。为实现城市群规划目标，需要建立公共财政政策保障机制，具体机制包括以下几方面：

1. 建立城市群公共财政机制和公共财政专业委员会

城市群规划作为一项公共政策，只有拥有了有力的经济支持才能得以施行和实现，负责城市群规划的管理部门应充分协调资金安排和规划实施的关系。城市群跨区域的公共财政机制应该在目前已经形成的框架上，通过多种途径对现有的协调机制不断完善，从而实现城市群地区结构优化、合作紧密、优势互补、整体发展。可在城市群地方政府自愿合作的基础上，考虑在城市群协调发展管理委员会下设一个城市群公共财政专业委员会，共同协调城市群区域的财政政策，共同行使区域财政一体化的权力。

2. 建立城市群公共财政储备制度

借鉴欧盟经验对区域公共设施进行共建共享，其资金来源可以通过建立区域共同财政来解决，避免当前在公共交通建设中争抢国家财源的重复建设行为。对区域公共设施建设资金进行比例分担，如区域公共交通建设中，除上级财政支持外，可充分考虑区域合作各方对公共交通的共享性，由各获益主体共同出资；对城市群区域信息网络的建设以及信息分析、传播等方面的费用则应由城市区域共同财政负担。至于城市群地区共同财政来源，也可以借鉴欧盟的经验，可对增值

税收入进行适当提成或按本地 GDP 的一定比例上缴给城市群地区协调发展管理委员会。

3. 建立城市群公共财政支出监督体系

城市群区域各地方政府按比例上缴的共同财政运用情况应确保有相对独立的财政监督机构进行监督。一般而言，独立的财政监督机构主要强调三个方面的内容：一是财政监督机构独立于财政部门及其他资金使用单位之外；二是财政监督机构不接受外部行政指令，只服从法律；三是财政监督机构人员拥有独立行使职责的权利。西方国家审计机构的设立普遍遵循独立性原则。新疆城市群在培育发展之初，也应该充分地学习、借鉴成熟城市群的成功经验，及早设立独立审计机构监督城市群区域共同财政支出情况。

三、法力机制：法律法规政策保障机制

目前我国城市群政府合作的政策法规严重不足，法律保障能力非常有限。新疆城市群培育发展过程中的类似现象更加突出。因此，要从城市群发展的实际需求出发，把城市群各政府间的合作纳入法制化轨道，制定具有高度权威的城市群一体化政策和规划，为城市群政府合作提供政策法规和规划保障。

1. 推进城市群一体化发展的立法工作，制定城市群合作公约

借鉴国外区域合作的经验，为进一步提高城市群政府合作的权威性，政府应在有关的法律法规中加入"促进城市群经济社会协调发展，调控城市群差距"及"明确区际协议的法律效力"等条文，以明确协议对城市群缔约各方的约束力。根据合作的具体领域成立专门的执行机构，全面贯彻落实相关协议，以切实提高政府合作的执行力。同时还要制定城市群各成员共同遵守的城市群公约，以强化地方政府调控政策的规范化和法制化。构建城市群政府合作政策，规范城市群政府的合理竞争，消除地方保护主义现象，建立调解企业在不同地区贸易与投资的争端解决机制，并逐步形成统一的投诉、调解、仲裁机制等。

2. 突出强化城市群规划的法律地位

目前，我国已经启动了跨省域的城市群发展规划编制工作，各省区也纷纷启动了地区性城市群的发展规划编制工作，这对新疆绿洲城市群建设是重大的机遇。为了确保规划的操作实施，要在现有的规划法律和条例保障之下，对城市群发展规划的法律地位进一步提升，城市群规划必须要经过省级人大常委会讨论审议通过，使城市群规划具有高于一般区域规划的法律效应和约束力。通过法律保障，来消除政策障碍和行政壁垒，真正实现资源共享、相互开放市场、科技人才流动、产业密切合作以及跨区域的基础设施共建，推动城市群实现可持续发展。

四、能力机制：资源环境政策保障机制

城市群资源环境保障机制也叫资源环境承载机制，指城市群区域资源与生态环境的供容能力、经济活动能力和满足一定生活水平人口数量的社会发展能力的有机综合体，由处于支持层的生态承载力和处于表现层的生产承载力和生活承载力三部分组成。城市群生态—生产—生活系统承载力是城市群可持续发展能力的组成部分，较高的生态—生产—生活承载力表明城市群区域具有较丰富的资源、较大的环境容量、较为适宜的人口规模以及较好的经济环境和较高的科技含量，体现出城市群具有较高的可持续发展能力。

1. 城市群总体规划要充分考虑其资源环境承载能力

研究表明，我国城市群区域一般是环境污染集中的高度敏感地区和重点治理地区，也是资源环境保障程度低、存在资源环境剥夺行为和可持续发展能力低的地区，加强城市群资源环境保障能力建设是每个城市群区域必须要面对和解决的首要问题之一，对新疆的绿洲城市群来说更是如此。这就要求在城市群总体规划编制与实施过程中，必须以城市群资源承载能力和生态环境容量为前提，随时注重研究土地、水资源、能源和环境等影响城市群可持续发展的因素，关注城市群总体规划实施对生态环境的影响，对因城市群建设引发的生态环境变化进行动态跟踪监测，及时发现问题，及时治理污染和生态修复，确保实现人与自然的和谐发展。城市群的发展不能超过其资源环境的承载能力，城市群的建设规模与经济发展总量必须与自身的资源环境承载能力相适应，才能确保城市群可持续发展。这就要求在城市群建设中，一定要坚持集约、高效利用资源和最大限度地保护生态环境的原则，将城市群发展对资源环境的代价降到最低程度，将资源与生态环境对城市群发展的限制降到最低限度，依据资源环境容量，推行资源节约型、环境友好型、紧凑清洁型的城市群发展模式。

2. 依靠科技进步，提升城市群资源环境保障能力

城市群是资源和能源集中消耗的地区，所以城市群也是未来节能减排和提高能源资源利用效率最具潜力和空间的地区。城市群健康发展必须立足资源环境承载能力，因此，依靠科学进步和技术创新，改变现代城市高耗能、非循环的运行机制，提高一切能源资源的利用效率，物尽其用，人尽其才，各施其能，各得其所，使城市群区域内的物质、能量得到多层次分级利用，废弃物循环再生，将提升城市群资源环境保障能力，建设高效、循环或多层次利用能源资源的循环型城市群的重要支撑和保障。

第二节　新疆绿洲城市群培育发展的政策建议

新疆的绿洲城市群除了要同样面对经济全球化、信息化、新型工业化、交通快速化和知识经济快速兴起的大背景，还需要充分考虑新疆特殊的地理、民族和历史文化特点，在城市群培育发展过程中，除了需要一系列政策保障机制外，还需要制定一系列对策措施。

一、强化市场机制在城市群形成发育中的主导作用

城市群建设的根本动力在于市场机制作用的发挥，市场化是城市群形成与发育的制度前提，市场化进程与城镇化进程呈明显的正相关关系。无论国家政治体制和社会制度如何，市场机制在与城市群有关的人口、资源配置、土地、资本等经济要素自由流动和配置等方面都发挥着主导作用。因此，在新疆的城市群建设过程中，必须首先依靠市场调节和价值规律的作用，确保与城市群有关的人口、资源、土地、资本等经济要素自由流动和配置，以灵活多样的方式推进城市群建设，确保城市群发展永葆活力。在新疆绿洲城市群培育发展过程中，一定要坚持"市场主导、企业主体、政府协调、资源共享、市场共通、利益共享、整体规划、重点突破、逐步推进"的原则，研究市场需求状况，加快培育市场体系，做好市场预测与决策，推进城市群市场建设一体化，建设市场主导型的城市群。

二、把城市群建成区域经济发展战略核心区

实践证明，我国发展较为成熟的城市群甚至包括正在培育发展的城市群，都在深刻地影响着我国的国际竞争力，在未来的二三十年甚至更长一段时期内，城市群都将在全国生产力布局中发挥战略支撑点和核心节点的作用。新疆的四个绿洲城市群也同样是新疆境内区域经济发展的重要战略支撑点。因此，建议新疆在下一步区域经济发展布局中，继续强化城市群在区域经济发展中的战略核心地位，继续发挥区域政策对城市群形成与发育的积极导向作用，充分发挥政府在推动城市群建设中的宏观调控和规划引导作用。

三、完善城市群快速交通系统

随着城镇化与工业化进程的不断加快，新疆的交通建设也迈入了全新的高速发展时代，作为区域发展主轴的高速公路轴、高速铁路轴和空中快线的建设将成

为区域未来综合交通运输网络建设的重点，将极大地推动城市群之间与城市群内部快速交通系统的建设步伐，形成城市群快速交通系统。建议新疆绿洲城市群培育发展过程中要紧紧抓住新疆建设"丝绸之路经济带"核心区综合交通枢纽中心的机遇。

四、构建与全球供应链密切关联的城市群现代产业体系

构建与全球供应链密切关联的城市群现代产业体系是城市群得以可持续发展的最主要支撑，优化的产业结构和良好的产业成长环境，是提升城市群产业竞争力和国际竞争力的关键。城市群的发展一定要抓住全球供应链重构机遇和国家产业振兴机遇，切实转变经济增长方式，扩大城市群经济总量，促使城市群充分利用国内外两种资源与两个市场，通过产业重组与结构调整加快城市群产业结构优化升级，构建包括现代农业、现代制造业、现代服务业在内的城市群现代产业体系。新疆绿洲城市群培育与发展过程中，融入国际、参与国际竞争的最大机遇就是国家"一带一路"战略的实施，在国家全面向西开放的新形势下，新疆各区域中心城市群和以中心城市为依托的各绿洲城市群的优势将更加突出。因此，新疆绿洲城市群培育与发展过程中，要抓住全球供应链重构机遇扶持培育跨国企业集团，提升城市群产业集中度和国际竞争力；推进产业聚集区建设，提高城市群产业紧凑度与环境竞争力。

五、充分发挥企业在城市群区域协调发展过程中的基础作用

在市场经济的初、中级阶段，打破行政区经济的限制，推进城市产业扩散和产业链的延伸，实现经济或产业的一体化是城市群协调发展的重要内容。在加快市场机制的建立与完善过程中，企业在资源要素配置中的基础性作用尤其重要。企业的跨地区、跨行业、跨所有制的组建和发展，能有效地打破行政壁垒、打破条块分割，推动生产要素市场的一体化。因此，新疆绿洲城市群的培育发展也必须充分重视"三跨型"（跨地区、跨行业、跨所有制）企业集团的组建与发展。可在城市群内部集各城市之长，以大型骨干企业为核心组建一批"三跨型"企业集团，提高区内支柱产业在规模、成本和技术方面的竞争力，确立城市群的比较竞争优势与知名品牌。政府职能要从权力型政府向服务型政府转变，为企业的"三跨型"发展创造良好的制度环境。

六、积极构建空间簇群化的格局

从促进城市群空间结构优化的角度出发，城市群规划应遵从协同发展的簇群理论，即以大城市为核心，中、小型城市沿着交通轴分布，小城镇围绕大、中、

小型城市簇群分布的一般规律。通过簇群式分布，核心城市可以加深与周边中小城市在地域空间垂直一体化和水平一体化的协作程度，促进核心城市的产业升级、市场升级和社会组织升级，促进周边城市的产业特色和城市次中心形成，为不同城市选择各具特色的主导产业，进行各自不同的功能定位，提高城市群的协调性，使大、中、小城市都能获取相应的合作收益，得到利益的增进，从而接近"帕累托最优"。对新疆的绿洲城市群来说，城市群的形成为城市之间的合作提供了良好的条件，但也加剧了城市群内部的竞争。所以，新疆绿洲城市群的空间架构必须从大、中、小城市非均质的实际出发，发挥各城市的比较优势，充分实现大城市的"极化"作用、中等城市的骨干作用和小城市的依托作用。要建立城市簇群内部稳定的合作状态，在微观层面上，要建立城市间的产业关联机制、融合机制，促进各城市的互动发展，使空间内部各生产要素通过市场自组织而整合优化；在中观层面上，应该建立城市战略协作联盟，通过合约实现合作、约束恶性竞争；在宏观层面上，可建立动态战略，开放城市群的边界，并且完善干部的政绩考核体系，把对周边地区的带动列入考核体系，才能使大城市和周边中、小城市形成合理的"主城区"与"卫星城"的协调关系。

七、强化城市群空间一体化的制度创新

城市群的空间一体化是在工业化、市场化、城镇化、社会化发展到相当水平的背景下，区域内城市之间的空间联系日趋紧密和广泛，基础设施和外部环境的共享水平有了本质性提升，相互之间的行政与市场界限逐渐消失，区域内的各个城市逐步发展成为一个有机的整体，并且在更高级的空间架构上发挥城市群对资源配置的优化、整合和提升作用。中国城市群的空间一体化步伐虽已迈开，但发展不尽如人意，主要是因为城市间行政分割严重，相互构筑市场壁垒，产业在城市间的水平分工缺乏并且产业布局倾向于"小而全"，基础设施的共享与链接机制更是缺乏，生态维护与补偿的共担机制还远远没有建立起来。新疆绿洲城市群由于先天的封闭性，这种现象更加突出。为了在城市群培育发展过程中有效应对这一问题，必须要重点突破以下三个方面：一是要着力转变政府职能，创设城市群内部的权威性协调组织，定期协调城市群的空间规划管理，消除市场壁垒，构建城市联盟，统一城市中各种资源与要素配置的相应政策，尽可能保证公共服务的均质化，发挥宏观层面对城市群空间一体化的积极影响；二是对城市群内部共生互动进行有效的激励，促进产业链的空间延伸和空间互补，特别要着力提升核心城市、周边城市和外围城市的耦合度，理顺资源城市、加工城市、研发城市、服务城市之间融合机制，尽可能地通畅产业与资本市场的传导机制、联动机制和叠加放大机制，提升城市群的整体竞争力；三是着力推动城乡一体化，切实解决

"城中村"、"村中城"等空间非均质现象,注意梳理和改革现有的土地政策和人口流动所触动的教育、医疗、社保、住房等政策,消除城乡公民的歧视性差异对待,实施普惠城乡的公共服务均质提供,为大量农村人口进城提供可容纳、可生存、可发展的空间,确保城乡居民的权利与义务逐渐同质同待遇,实质性提升区域内城市群的空间一体化水平。

八、正确处理城市群的空间异化现象

城市群发展本来就是通过聚集与扩散来推动均质空间向非均质空间的转变的,非均质空间的要素与资源配置必须从无序分异向有序分异趋近,最后在城市群的整体意义上达到动态性均质水平。但在城市群发展过程中,有些分异造成了要素配置的空间过度拥挤或空间走向衰弱,这都将提高空间利用的边际成本并降低边际收益,所谓"空心村"、"空置房"、"堵车区"、"天价房区"等现象恰恰说明了空间聚集的适度性和空间扩散的外溢性是城市群和城市群内部各城市发展所必须把握的空间密度优化方面的一个重要目标。在城市群的空间架构一体化程度不断提升的今天,我们既要促进城市分工和城市特色的培养以强化空间的非均质性,又要控制空间聚集的拥挤程度和空间差异所产生的排斥力度以强化空间的均质性。因此,在绿洲城市群的培育发展过程中,对处理空间分异,城市群的协调管理层面要注意把握以下几点:一是通过制度、市场和技术层面的创新,消除空间板结性、阻隔性、碎片化现象,特别注意反对不正当竞争和各种形式的垄断,为空间要素和资源的适度聚集提供制度规范、市场激励和技术保障;二是注意城市群内部空间的通道建设和通道疏理,降低地理空间差异所引起的要素与资源配置的分异程度,特别要注意交通、信息、金融、知识、技术、管理通道的建设和整治,以消除城市群内部空间的"孤岛现象"、"边缘现象"、"矮丛现象",还要注意城市内部社会通道的建设和完善,尤其要提升教育、考试、就业、住房诸方面的公平与效率,使得低收入阶层或弱势群体也有上升和优化流动的通道;三是通过扶持和扩大空间差异中的优质成分、先进部分、高级层次,在"做强"的同时"做大",让精品农业与精致农产品、先进制造业和创意产品、高端服务业和特色服务业都做到规模化、本土化和连锁化,同时加大上述要素和资源的流动性,通过放大流量来改变存量,通过消除劣质差异来扩大优质差异,重塑差异空间,达到整体优化的高位均衡。

参考文献

［1］ Geddes P.. Cities in Evolution：An Introduction to the Town – planning Movement and the Study of Cities ［M］. London：Williams and Norgate，1915.

［2］ Guimaraes P.，Figneiredo O.，Woodward D.. Agglomeration and the Location of Foreign Direct Investment in Poutugal ［J］. Journal of Urban Economies，2000，47（1）：115 – 135.

［3］ Howard Ebenezer. 明日的田园城市 ［M］. 金经元译. 北京：商务印书馆，2000.

［4］ 阿不都克依木·阿布力孜，迪力夏提·阿卜杜萨拉木，艾则买提·艾赛提，约日古丽·卡斯木. 新疆城市等级规模结构演化研究 ［J］. 安徽农业科学，2013（14）：6441 – 6444.

［5］ 陈浩，陆林，郑嬗婷. 基于旅游流的城市群旅游地旅游空间网络结构分析——以珠江三角洲城市群为例 ［J］. 地理学报，2011（2）：257 – 266.

［6］ 陈建军. 长江三角洲地区的产业同构及产业定位 ［J］. 中国工业经济，2004，191（2）：19 – 26.

［7］ 陈群元. 城市群协调发展研究 ［D］. 东北师范大学，2009.

［8］ 崔功豪，杜国庆. 中国城镇发展研究 ［M］. 北京：中国建筑工业出版社，1992.

［9］ 戴宾. 城市群及其相关概念辨析 ［J］. 财经科学，2004（6）：101 – 103.

［10］ 董雯，杨宇，周艳时. 干旱区绿洲城市土地利用效益研究——以乌鲁木齐为例 ［J］. 干旱区地理，2011（4）：679 – 685.

［11］ 杜宏茹，刘毅. 我国干旱区绿洲城市研究进展 ［J］. 地理科学进展，2005（2）：69 – 79.

［12］ 杜宏茹，张小雷，王斌. 现代绿洲城市发展与水资源开发利用的相互适应性研究 ［J］. 科学通报，2006（S1）：156 – 161.

［13］ 段汉明. 西北地区城市发展的问题与对策 ［J］. 西北大学学报（自然科学

版），2001（5）：421 – 425.

[14] 方创琳，姚士谋，刘盛和等．2010 中国城市群发展报告［M］．北京：科学出版社，2011.

[15] 方创琳，关兴良．中国城市群投入产出效率的综合测度与空间分异［J］．地理学报，2011（8）：1011 – 1022.

[16] 方创琳，蔺雪芹．武汉城市群的空间整合与产业合理化组织［J］．地理研究，2008（2）：397 – 408.

[17] 方创琳，祁巍锋，宋吉涛．中国城市群紧凑度的综合测度分析［J］．地理学报，2008（10）：1011 – 1021.

[18] 方创琳，宋吉涛，张蔷，李铭．中国城市群结构体系的组成与空间分异格局［J］．地理学报，2005（5）：827 – 840.

[19] 方创琳．城市群空间范围识别标准的研究进展与基本判断［J］．城市规划学刊，2009，171（3）：1 – 5.

[20] 方创琳．中国城市群形成发育的新格局及新趋向［J］．地理科学，2011（9）：1025 – 1034.

[21] 傅永超，徐晓林．府际管理理论与长株潭城市群政府合作机制［J］．公共管理学报，2007（2）：24 – 29，122.

[22] 高超，金凤君，雷军，张小雷．干旱区绿洲城市经济系统脆弱性评价研究［J］．经济地理，2012（8）：43 – 49.

[23] 高超，雷军，金凤君，张小雷．新疆绿洲城市生态环境系统脆弱性分析［J］．中国沙漠，2012（4）：1148 – 1153.

[24] 高超，雷军．新疆天山北坡城市群经济联系分析［J］．干旱区资源与环境，2011（6）：24 – 30.

[25] 高希瑞，张永福．新疆城市土地集约利用潜力时空变异分析［J］．新疆农业科学，2009（3）：668 – 673.

[26] 高志刚，韩延玲，张凌志．城市规模与产出关系的分形研究——以新疆城市为例［J］．城市规划，2013（6）：37 – 40，46.

[27] 顾朝林．城市群研究进展与展望［J］．地理研究，2011（5）：771 – 784.

[28] 关丽萍．绿洲城市游憩研究［D］．新疆师范大学，2005.

[29] 国家发改委国地所课题组，肖金成．我国城市群的发展阶段与十大城市群的功能定位［J］．改革，2009（9）：5 – 23.

[30] 何一民．新疆城市百年巨变：数量与规模［J］．民族学刊，2014（1）：28 – 42，104 – 105.

[31] 胡雪峰，石明磊，刘洪波．把握世界城市本质和演变规律 探索建设中国特

色世界城市之路 [J]. 北京规划建设, 2010 (6): 13-15.

[32] 胡颖颖, 师庆三, 朱亚. 塔克拉玛干沙漠边缘典型绿洲城市宜居性分析 [J]. 安徽农业科学, 2013 (11): 4953-4956.

[33] 黄达远. 隔离下的融合 [D]. 四川大学, 2006.

[34] 黄俊. 城市群发展历程对比研究分析 [M]. 成都: 西南财经大学, 2011.

[35] 季珏, 高晓路. 天山北坡城市群空间组织形态的识别研究 [J]. 干旱区地理, 2012, 35 (4): 687-694.

[36] 贾卓. 中国西部城市群产业演变及优化路径研究 [D]. 兰州大学, 2013.

[37] 姜博. 辽宁中部城市群空间联系研究 [D]. 东北师范大学, 2008.

[38] 荆万里, 周亚琦, 单樑. 对口援疆背景下绿洲城市可持续发展的空间规划策略——以新疆喀什市为例 [C] //中国城市规划学会. 多元与包容——2012 中国城市规划年会论文集 (02. 城市总体规划). 中国城市规划学会, 2012: 11.

[39] 孔凤. 新疆城市贫困问题研究 [D]. 新疆师范大学, 2008.

[40] 雷军, 杨宇. 基于交通运输水平及客货流视角的新疆城市等级体系研究 [J]. 干旱区地理, 2009 (6): 958-963.

[41] 雷军, 张小雷, 杨宇, 张利, 温可. 新疆城市群若干问题探讨 [C] //中国地理学会. 地理学核心问题与主线——中国地理学会 2011 年学术年会暨中国科学院新疆生态与地理研究所建所五十年庆典论文摘要集. 中国地理学会, 2011: 2.

[42] 李俊峰, 焦华富. 江淮城市群空间联系及整合模式 [J]. 地理研究, 2010 (3): 535-544.

[43] 李松, 张小雷, 李寿山, 杜宏茹. 新疆绿洲城市土地利用景观格局时空演化及驱动力研究 [J]. 经济地理, 2013 (12): 161-168.

[44] 李香花. 城市群基础设施融资机制研究 [D]. 中南大学, 2011.

[45] 李艳红, 楚新正, 封海宁. 水资源约束下的乌鲁木齐绿洲城市发展模式研究 [J]. 新疆师范大学学报 (自然科学版), 2006 (3): 112-117.

[46] 李艳红, 楚新正, 金海龙. 乌鲁木齐绿洲城市旅游形象设计研究 [J]. 地理与地理信息科学, 2004 (4): 84-87.

[47] 李艳红, 楚新正, 王丽, 沈丛林. 新疆天山北麓典型绿洲城市的水资源模糊综合评价研究 [J]. 干旱区资源与环境, 2008 (3): 86-90.

[48] 刘天东. 城际交通引导下的城市群空间组织研究 [D]. 中南大学, 2007.

[49] 刘晓丽, 方创琳, 王发曾. 中原城市群的空间组合特征与整合模式 [J]. 地理研究, 2008 (2): 409-420.

［50］刘晓丽，方创琳．城市群资源环境承载力研究进展及展望［J］．地理科学进展，2008（5）：35–42.

［51］刘雅轩，张小雷，雷军，朱磊，王涛．新疆绿洲城市扩展与空间形态变化分析［J］．水土保持学报，2009（6）：252–256.

［52］刘雅轩，张小雷，雷军，朱磊．新疆绿洲城市空间扩展特征及其驱动力分析［J］．中国沙漠，2011（4）：1015–1021.

［53］刘妍．哈大齐城市群区域经济发展策略研究［M］．哈尔滨：哈尔滨工程大学，2007.

［54］刘玉皑．边疆与枢纽：近代新疆城市发展研究（1884～1949）［D］．西北大学，2013.

［55］鲁骏峰，李豫新．新疆城市经济发展中人口与用地关系研究——基于异速生长模型的分析［J］．地域研究与开发，2013（6）：121–126.

［56］骆玲．新疆绿洲城市可持续发展综合评价与研究［D］．新疆大学，2008.

［57］马倩，张洋，赵枫．基于PSR模型的干旱区绿洲城市生态安全评价——以乌鲁木齐市为例［J］．土壤通报，2011（5）：1225–1230.

［58］马汶青．区域城市群应急联动机制建设探析［D］．广州大学，2012.

［59］马玉香．绿洲城市生态系统综合评价与优化研究［D］．新疆师范大学，2005.

［60］孟晓军．西部干旱区单体绿洲城市经济增长中的水资源约束研究［D］．新疆大学，2008.

［61］苗青．新疆城市竞争力比较研究［D］．新疆大学，2006.

［62］倪天麒，周华荣，杨德刚．绿洲城市环境功能区划及其环境建设初探——以乌鲁木齐市为例［J］．干旱区资源与环境，2003（4）：1–7.

［63］彭健，古丽江·贾满拜，吕光辉，胡德夫．绿洲城市——奎屯市春夏季鸟类群落特征［J］．动物学杂志，2011（4）：109–116.

［64］彭融．20世纪新疆中等城市与区域发展研究［D］．四川大学，2003.

［65］祁林德．国外城市群发展的规律及其启示［J］．郑州航空工业管理学院学报（社会科学版），2008，27（3）：173–175.

［66］史雅娟．中原城市群空间格局的多中心网络化研究［D］．河南大学，2013.

［67］宋吉涛，方创琳，宋敦江．中国城市群空间结构的稳定性分析［J］．地理学报，2006（12）：1311–1325.

［68］宋家泰．城市—区域与城市区域调查研究——城市发展的区域经济基础调查研究［J］．地理学报，1980，35（4）：277–287.

［69］苏里坦，宋郁东，张展羽．近40＋a天山北坡气候与生态环境对全球变暖的响应［J］．干旱区地理，2005，28（3）：342－346.

［70］苏强，韩玲．试析城市群的发展规律及特征［J］．城乡建设，2010，（10）：33－34.

［71］谭啸．中国城市群发展的区域比较分析［D］．辽宁大学，2012.

［72］唐伟．新疆城市体系结构优化研究［D］．新疆大学，2008.

［73］唐勇，李龙姣．新疆天山北坡经济带城市群联动发展研究［J］．市场论坛，2012（7）：48－50.

［74］汪银．天山南麓绿洲城市绿地系统及其生态景观格局研究［D］．西北大学，2009.

［75］王发曾，郭志富，刘晓丽，赵威．基于城市群整合发展的中原地区城市体系结构优化［J］．地理研究，2007（4）：637－650＋857.

［76］王发曾，刘静玉．我国城市群整合发展的基础与实践［J］．地理科学进展，2007（5）：88－99.

［77］王发曾，吕金嵘．中原城市群城市竞争力的评价与时空演变［J］．地理研究，2011（1）：49－60.

［78］王红霞．城市群的发展与区域合作：城市与区域合作发展研究热点综述［J］．上海经济研究，2006（12）：115－123.

［79］王辉."两型社会"建设背景下长株潭城市群都市农业发展研究［D］．湖南农业大学，2012.

［80］王婧，方创琳．中国城市群发育的新型驱动力研究［J］．地理研究，2011（2）：335－347.

［81］王伟．中国三大城市群空间结构及其集合能效研究［D］．同济大学，2008.

［82］魏后凯，成艾华．携手共同打造中国经济发展第四极——长江中游城市群发展战略研究［J］．江汉论坛，2012（4）：5－15.

［83］魏晓婕，杨德刚，乔旭宁，张进英．干旱区绿洲城市城市化与生态环境耦合——以乌鲁木齐为例［J］．干旱区资源与环境，2008（11）：101－107.

［84］吴明华．长株潭城市群体育产业发展战略研究［D］．湖南师范大学，2011.

［85］吴启焰．城市密集区空间结构特征及演变机制——从都市群到大都市带［J］．人文地理，1999，1：11－16.

［86］吴文婕，石培基，魏伟，张学斌，杨雪梅，宫继萍．石羊河流域绿洲城市水土资源利用生态风险评价——以武威市为例［J］．干旱区地理，2012

（5）：838 – 846.

［87］谢余初，巩杰，王合领，孙朋，钱大文. 绿洲城市不同道路扩展轴的景观梯度变化对比研究［J］. 地理科学，2013（12）：1434 – 1441.

［88］谢余初，巩杰，赵彩霞，颉耀文，林兴周. 嘉峪关市城市化进程及景观格局动态变化［J］. 生态学杂志，2012（4）：1009 – 1015.

［89］徐剑. 日、美城市群产业空间演化对中国城市群发展的影响［D］. 长春：东北师范大学，2007.

［90］徐康宁，赵波. 长三角城市群：形成、竞争与合作［J］. 南京社会科学，2005（5）：1 – 9.

［91］徐晓红，尹林克，胡秀琴，李艳红. 干旱区绿洲城市园林绿地系统健康的评价方法——以新疆克拉玛依市为例［J］. 干旱区研究，2008（4）：464 – 469.

［92］许学强，程玉鸿. 珠江三角洲城市群的城市竞争力时空演变［J］. 地理科学，2006（3）：257 – 265.

［93］薛东前，孙建平. 城市群体结构及其演进［J］. 人文地理，2003，18（4）：64 – 68.

［94］薛静. 新疆绿洲城市旅游发展动力研究［D］. 新疆师范大学，2008.

［95］杨宇，马天宇，张小雷，雷军，董雯. 塔里木盆地西缘绿洲城市组群空间整合分析［J］. 干旱区地理，2010（1）：112 – 118.

［96］姚士谋，陈振光，朱英明等. 中国城市群［M］. 合肥：中国科技大学出版社，2006.

［97］姚士谋，李青，武清华，陈振光，张落成. 我国城市群总体发展趋势与方向初探［J］. 地理研究，2010（8）：1345 – 1354.

［98］姚士谋. 我国城市群的特征、类型与空间布局［J］. 城市问题，1992（1）：10 – 15.

［99］叶玉瑶. 城市群空间演化动力机制初探——以珠江三角洲城市群为例［J］. 城市规划，2006（1）：61 – 66，87.

［100］于洪俊，宁越敏. 城市地理概论［M］. 合肥：安徽科学技术出版社，1983.

［101］余慧容，蒲春玲，李玉，徐凤娟. 绿洲城市土地利用多目标优化研究——以新疆奎屯市为例［J］. 中国沙漠，2013（4）：1267 – 1272.

［102］余慧容，蒲春玲，刘志有，李玉. 基于 TM/ETM$^+$ 绿洲城市土地利用时空演变分析——以新疆奎屯市为例［J］. 水土保持研究，2012（6）：147 – 151.

［103］余慧容．干旱区绿洲城市的土地利用时空演变及优化配置研究［D］．新疆农业大学，2012.

［104］曾鹏，黄图毅，阙菲菲．中国十大城市群空间结构特征比较研究［J］．经济地理，2011，31（4）：603－608.

［105］张安福，郭宁．新疆城镇化道路的新视角——国家安全与地区发展并重［J］．临沂师范学院学报，2009（4）：71－75.

［106］张宝强．新疆城市广场群众参与体育锻炼的调查研究［D］．新疆师范大学，2010.

［107］张凯，冉圣宏，田玉军，亓沛沛．干旱区绿洲城市扩张对水资源的影响——以石河子市为例［J］．资源科学，2011（9）：1720－1726.

［108］张磊．振兴东北老工业基地的扶持现状分析［J］．中国科技信息，2005（2）：1，52－53.

［109］张攀，徐长乐．城市群整合与发展战略研究［J］．改革与战略，2008，24（8）：37－39.

［110］张润朋，王其东，谭晓，徐永坚．"绿色、生态、和谐"发展理念下的绿洲城市规划——以新疆哈密市城市总体规划为例［C］//中国城市规划学会．和谐城市规划——2007中国城市规划年会论文集．中国城市规划学会，2007：6.

［111］张世翔．基于轴辐式网络模型的城市群物流配送系统规划研究［D］．同济大学，2006.

［112］张素红，楚新正，陈彩苹．绿洲城市自然景观空间格局与城市生态分析——以乌鲁木齐为例［J］．干旱区资源与环境，2006（5）：27－31.

［113］张素红．绿洲城市景观空间格局与城市生态研究［D］．新疆师范大学，2004.

［114］张艳，程遥，刘婧．中心城市发展与城市群产业整合［J］．经济地理，2010，30（4）：579－584.

［115］张迎旭．基于自由发展观的城市群协调发展评价研究［D］．西安：西安理工大学，2008.

［116］张豫芳，杨德刚，张小雷，马文红，张宏远．天山北坡绿洲城市空间形态时空特征分析［J］．地理科学进展，2006（6）：138－147.

［117］张仲伍，杨德刚，张小雷，陈红娟，张月芹．绿洲城市综合规模与水资源相互作用关系研究——以乌鲁木齐为例［J］．中国沙漠，2011（2）：536－542.

［118］赵雪辉，韩盛，刘丽宏，唐静，刘雪梅．环境功能区划与绿洲城市及城镇

的环境管理 [J]. 干旱环境监测, 1999 (2): 36 - 39, 65.

[119] 赵勇, 白永秀. 城市群国内研究文献综述 [J]. 城市问题, 2007 (7): 6 - 11.

[120] 赵勇. 区域一体化视角下的城市群形成机理研究 [D]. 西北大学, 2009.

[121] 郑慧, 赵永峰. 新疆绿洲城市旅游环境评价初探 [J]. 科技信息 (学术研究), 2008 (21): 300, 302.

[122] 周芳. 新疆新型城镇化发展研究 [D]. 新疆财经大学, 2012.

[123] 周惠来, 郭蕊. 中国城市群研究的回顾与展望 [J]. 地域研究与开发, 2007 (5): 55 - 60.

[124] 周霞. 城市群工业地价与产业结构高级化的互动机理研究 [D]. 首都经济贸易大学, 2013.

[125] 周玄德. 基于整合方案的新疆城市群研究 [D]. 新疆大学, 2013.

[126] 朱磊, 罗格平, 许文强, 张丹. 干旱区绿洲城市土地利用变化及其生态环境效应分析——以乌鲁木齐市为例 [J]. 干旱区资源与环境, 2008 (3): 13 - 19.

[127] 朱顺娟. 长株潭城市群空间结构及其优化研究 [D]. 中南大学, 2012.

[128] 朱英明, 姚士谋, 李玉见. 我国城市群地域结构理论研究 [J]. 现代城市研究, 2002 (6): 50 - 52.

后 记

新疆的城市特殊,是绿洲城市;新疆的城镇化也特殊,是分散在绿洲上的城镇化;新疆的城市群培育发展更特殊,是绿洲客观被分散与城市主观要联系的矛盾结合体。也正是如此,才产生了今天的"绿洲城市群"这一概念。当然,考虑到绿洲经济的特点,当前业内对实现各绿洲城市间协作分工、功能互补、集约高效与协调发展,走"绿洲城市群"发展模式城镇化道路仍然分歧很大,争议很多。但我们认为这是一件好事,可以让我们更加深入地了解认识绿洲城市,更加准确地把握分析城市发展的客观规律。

本书是新疆维吾尔自治区软科学项目"新疆绿洲城市群发展战略及培育路径研究"(项目编号:201242168)的主要阶段性成果之一,其出版发行也得到了新疆维吾尔自治区高层次人才培养计划项目的资助。在项目研究和成果出版过程中,还得到了新疆财经大学刘雅轩副教授、新疆农业大学李松副教授、中国科学院新疆生态与地理研究所王长建博士以及新疆大学胡青江硕士和李先鑫硕士的大力支持和帮助;新疆维吾尔自治区发展和改革委员会经济研究院李韧院长和刘迪生副院长、区域经济研究所张永明所长以及新疆相关领域的甘昶春研究员、高建龙研究员、高志刚教授、申忠岐老师、杨苏民老师、樊晓林老师等也为木书的修改完善提供了宝贵意见和建议;经济管理出版社以及本书责任编辑杨雅琳老师等也为本书的出版付出努力。在此付梓之际,谨向所有帮助和支持我们的人表示最衷心、最诚挚的感谢。

研究是无止境的,对于"绿洲城市群"这样一个新的概念来说,需要深入研究、认识的未知内容和领域还非常多,我们依然还有很长的路要走。受研究水平和研究时间的限制,本书难免存在不妥、争议或谬误之处,恳请各位专家学者及读者朋友批评指正。

闫海龙

2015 年 5 月 1 日